西和美、「かずみ」の入り口で（平成５年頃）

カウンターから見た「かずみ」の店内（令和4年）

入り口から見た「かずみ」の店内／撮影　越間誠（平成26年頃）

スミソニアン博物館のフェスティバルにて（昭和61年）

アカウルメのから揚げ

トビンニャ（マガキ貝）

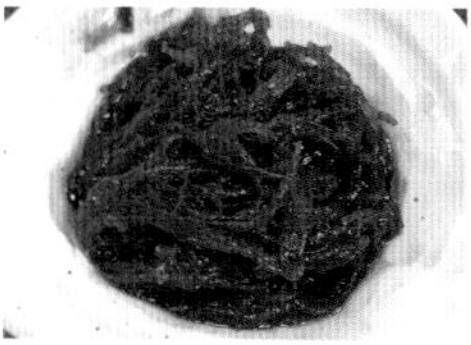
もずく

カウンターに並ぶ料理

苦瓜豚味噌和え

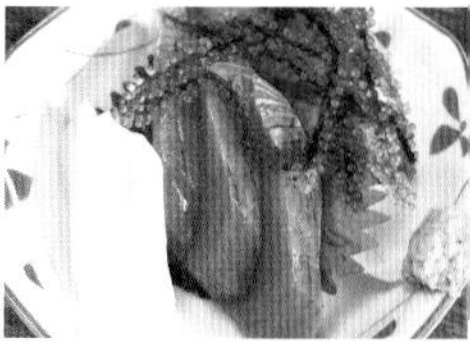
刺身

油ゾーメン

西和美・感謝の宴「ありがっさまりょ唄」の集合写真（令和元年）

「かずみ」の時代

唄者 西和美と昭和、平成、令和の奄美島唄

梁川 英俊
YANAGAWA HIDETOSHI

南方新社

「かずみ」の時代――唄者 西和美と昭和、平成、令和の奄美島唄――目次

プロローグ

奄美市名瀬末広町。

アーケード街「ティダモール」を南に抜けて少し行くと、左手に「郷土料理かずみ」と書かれた白いネオンサインが見えてくる。

のれんをくぐると、店内には四畳ほどの座敷に、年季の入った茶色の木製の座卓が三台。厨房に面したカウンターには木製の高椅子が五脚。壁には唄者の写真やコンサートのチラシやポスターが貼られているだけの、飾り気のない小ぶりな店である。

奥の厨房で忙しく立ち働いているのが、「かずみ」の店主、西和美である。

和美は奄美島唄の代表的な歌い手、奄美の言葉で言う「唄者」である。

八十歳を過ぎたいまも島唄を歌い、厨房に立って島料理の腕を振るう。素朴だが、滋味豊かなその料理を愛する人は多い。

島唄を聞ける店だが、店にステージがあるわけではない。

和美が歌うのはほとんど厨房からである。はじめての客は和美の歌声が聞こえてくると、どこで歌っているのかと戸惑う。厨房で鍋を火にかけたり、包丁を動かしたりしながら、和美はテンポよく歌い、ときに囃子をつける。女性にしては低いその声は、巷に流れる軽いポップスとは違い、耳よりも先に腹に響く。

「かずみ」では、唄のはじまりや終わりに決まりはない。誰かが歌い出せば、唄がはじまる。客が次々と歌い出し、そのまま歌遊びになることもある。ここでは唄は生活の一部で、唄と生活のあいだに垣根はない。それは開店から四十年以上を経た、いまも変わらない。

奄美で島唄に関わる人の多くが、「かずみ」に集い、歌ってきた。奄美を代表する数々の名唄者がここで歌い、いま活躍する多くの唄者がここに通い、唄を磨いてきた。初心者もベテランも、大勢の島唄好きがここで三味線を弾き、歌ってきた。

和美はそれをずっと厨房から見てきた。

これから語るのは、その「かずみ」を通して見えてくる昭和、平成、令和の奄美島唄の世界である。

第一章　密航の島、口之島

西古見

西和美が生まれたのは、昭和十七年（一九四二）三月二十五日、兵庫県尼崎である。

奄美大島瀬戸内町西古見の生まれと紹介されることもあるが、和美が生まれたとき、両親は尼崎にいた。姓は川畑だった。

父親はキリンビールに勤めていたが、和美が七カ月のときに徴兵されて、南方で戦死した。まだ十七、八歳だった母親は、父親が徴兵されるとすぐに和美を連れて郷里の西古見に戻った。

西古見は奄美大島の南西端に位置し、北は宇検村屋鈍、阿室、東は管鈍と接する。三方を山に囲まれ、南に開けた海には横一列に三連立神が並び、東には加計呂麻島の西端が遠望される。晴天の日には、遠くに与路島や徳之島の島影が霞む。

岬という絶好の立地条件から、明治三十年代からカツオ漁業が盛んになり、大正年間には集落の

昭和 40 年代の西古見

西古見の三連立神／撮影・越間誠

人口が千人を超えるほど賑わった。が、大正十五年の大規模な遭難事故を境に活気を失い、昭和に入ると西古見の人口は減少する一方となる。終戦後は引揚者や復員兵で人口が増大し、集落は一時的に賑わいを取り戻した。

　和美が来た頃の西古見は往時の面影はなかったが、まだカツオ漁が盛んで、港には男たちが船から放り投げたカツオがたくさん転がっていた。

　子供たちは真っ青な海が遊び場で、男の子も女の子も一緒になって、一日中素っ裸で泳いでいた。

　父方の祖父はカツオ漁に従事していたが、海中で爆弾を破裂させて浮き上がった魚を捕獲する、いわゆる「爆薬漁」のさなかに誤爆で命を落とした。

　祖母はよく庭先で、島では「ナリ」と呼ばれるソテツの実を割っていた。割った実の中身を一つずつ箸でつまんで取り出すのである。祖母はそれを歌を口ずさみながらやっていた。

　記憶に残っている最初の歌は、その祖母の歌である。

8歳のとき（後列右）

ソテツの実は大切な食糧だった。そのまま食べると毒があるので、中身を発酵させて、水にさらして天日干しにする。それを何度も繰り返して、毒抜きをする。そうして取り出した貴重なデンプンを使って、味噌や団子やうどんをつくった。

西古見にいたのは、九歳までだった。母親が再婚したため、昭和二十六年（一九五一）にトカラ列島の口之島に移ったのである。トカラ列島が日本に復帰する前年のことである。

口之島へ

屋久島と奄美大島のあいだに浮かぶトカラ列島は、第二次大戦後の昭和二十一年（一九四六）二月二日から米軍の統治下に入っていた。列島の北端に位置する口之島を走る北緯三十度線が分断線となり、それ以南の七島は、奄美群島、沖縄、宮古八重山諸島、小笠原諸島とともに米軍に占領されたのである。

海から見た口之島（昭和 40 年）／下野敏見『トカラ列島（南日本の民俗文化写真集 3）』より

密航の基地だった西之浜（昭和 40 年）／下野敏見『トカラ列島（南日本の民俗文化写真集 3）』より

本土にもっとも近い口之島は、いきおい密航の最前線になった。

占領下の島々では物資が払底して必要最低限の生活にもこと欠く状態だったから、密航は生き延びるための手段でもあった。奄美では五、六円だった砂糖一斤が、本土に持っていけば五、六十円もの値段で取り引きされるのである。逆に瀬戸物、マッチ、歯みがき、歯ブラシ、鉛筆やノートなどという本土では当たり前の日用雑貨が、島に入ると何倍もの値段がついたりした。

闇商売に沸く小さな島は、二千人もの人口であふれた。

現在は桟橋のある西之浜港の海岸には、商店や遊郭などのバラックがびっしりと建ち並んで、「大和村」と呼ばれていた。入江には沖貿易の船がひしめいていたが、奄美や沖縄の船ばかりでなく、台湾や韓国からの船も珍しくなかった。幼い和美には、街の賑わいは奄美大島の中心地の名瀬と変わらないように見えた。

港から一山越えたところに、集落が広がっていた。西古見で一人娘として大事に育てられた和美にとって、口之島での生活ははじめて経験することばかりだった。なによりも、母の嫁ぎ先の相手に自分より二歳年下の男の子がいたので、いきなりお姉さんになった。姓も川畑から肥後に変わった。

父親は船乗りだったが、母と再婚してからは船を降りて島で暮らすようになった。ただ、海に出ていた期間が長かったので、自分の土地の畑は荒れ放題で、父と母はまずやせ細った畑を耕すことからはじめなければならなかった。

集落の家々、右手奥に見えるのが前岳（昭和 41 年）／下野敏見『トカラ列島（南日本の民俗文化写真集 3）』より

島の生活は自給自足が当たり前だったから、まともに作物ができるまでの数年間は食うや食わずの生活が続いた。口之島はきれいな夕陽が有名だが、当時の島の暮らしには夕陽を眺めるゆとりはなかった。

父母が働いているあいだ、和美はよくよその家に行って子守りをした。子守りは島の子供ならば誰もがやる仕事で、学校に赤ん坊をおんぶしてくる生徒も珍しくなかった。赤ん坊が泣きだすと、廊下に出てあやすのである。それを叱る教師は誰もいなかった。

一日子守りをすると、その家の畑の芋などを持てるだけもらえたので、弟と一緒に畑の芋を引っ張り出して、カゴ

口之島小中学校（昭和 46 年）／下野敏見『トカラ列島（南日本の民俗文化写真集 3）』より

一杯、家に持って帰った。

おむつもまだ紙おむつなどはなく、すべて布製だったので、子供がおしっこをすると背中がびっしょりと濡れて、皮膚がかぶれてヒリヒリとした。

当時、口之島小中学校には、百人以上の児童生徒がいた。ほとんどが島で生まれた子供たちで、島外から転校してくる生徒は教員の子弟くらいのものだった。和美は、さっそくいじめの標的になった。

学校が終わると、よく鍵のかかった教室に一人だけ閉じ込められた。子沢山の島では、子供の一人くらい帰りが遅くなっても誰も気にしないので、自分で外に出る方法を見つけなければならなかった。

生徒たちの話す言葉は、鹿児島弁とも大島弁とも違い、どこか乱暴だった。はじめて学校に行った日は、

「あんたウチコロス」

とか、

「フンコロス」

とか言われて驚いた。

喧嘩なども日常茶飯事で、女の子同士の喧嘩ではお互いの髪をつかんで引っ張り合った。髪の先っぽを持って振り回していたら、友だちから、

「あんた、ヘタね」

とけなされた。聞くと、

「頭の後ろの髪の付け根のところを引っ張ると痛い」

と言う。コツをつかんでからは強くなった。

口之島は竹の豊富な島で、民家の壁や床から家を囲う柵まで、すべてが竹を編んでつくられてい

竹でつくられた家の壁（昭和 56 年）／下野敏見『トカラ列島（南日本の民俗文化写真集 3）』より

竹で編まれた透垣（昭和 56 年）／下野敏見『トカラ列島（南日本の民俗文化写真集 3）』より

籠を背負って草切りをする少年（昭和 41 年）／下野敏見『トカラ列島（南日本の民俗文化写真集 3）』より

た。子供たちも、竹を使って畑の収穫物を入れるカゴのつくり方を覚えさせられた。トイレにも、割った竹がカゴの中に立てかけてあって、お尻を拭くのに使われていた。肥溜めの上に板を二つ渡しただけのトイレは、バランスを崩すと下に落っこちそうで怖かった。

島には電灯がなかったから、暗い夜道は先っぽに火をつけた木の枝を振って照らした。火のついた枝は、島言葉で「イキリ」と呼ばれていた。途中で燃え尽きたときは、近所の民家に寄って、

「イキリ下さい」

と言えばすぐにもらえた。

口之島は昭和二十七年（一九五二）に本土に復帰した。生活水準は上がったが、密貿易がなくなった島は少しずつ寂れていった。

口之島の食べ物

母親は、島に来て一、二年で大病を患って、床に臥せることが多くなった。仕事ももっぱら家で裁縫仕事であった。もともと手先が器用な人だったので、縫い物は得意だった。綿の入った「ねんねこ」をつくって島で評判になったこともある。ねんねこは、寒いときに赤ん坊をおんぶした上から羽織る半纏で、それまで島にはなかったものだった。

和美は体の弱い母親に代わって、よく台所に立った。家には畑しかなかったので、主食はもっぱらさつま芋や里芋、麦だった。まだガスはなく、薪で火をおこし、釜を使って炊事をした。麦は自

分で取ってきて叩いてから食べるので、時間がかかった。

稲もあったが、サクイネという育ちの悪い稲だったので、山の葛から採った澱粉を混ぜておかゆをつくったりした。そのために、よく葛から澱粉を取るのを手伝わされた。

まわりが海だったので魚だけは豊富にあった。魚はもっぱらさばいて刺身にした。

毎日学校が終わると、すぐに畑に行って、日が暮れるまで働いた。夕飯はそのあとだったので、いつも八時頃の遅い時間になった。和美ばかりでなく、島の子供たちは全員がそんな生活をしていたので、口之島では子供同士で遊んだ記憶がない。

朝ご飯は、よその家の食卓にまぎれ込んで食べさせてもらうこともあった。途中で家の人に、

「あれ、和美がおったの」

と気づかれるのだが、どこの家も子沢山だったから、一人くらいまぎれ込んでも気にする親はいなかった。

口之島では必ず一家に一、二頭の牛がいた。牛は農作業はもちろん、山で伐った木を引っ張ったり、家をつくる茅を運んだりするのに使われていたが、筋肉質でおいしくなかったためか、殺して肉を食べる習慣はなかった。皮は剥いで敷物にし、肉は捨てるのがふつうだった。島では牛や山羊の敷物はどこにでもあった。

和美が小学五、六年の頃、殺した牛の足を一本もらい、弟と一緒に棒にぶら下げて帰ったことがある。家に帰ると、母はそれでカレーライスをつくってくれた。肉入りのカレーライスを食べるのは生まれてはじめてだった。

島では鶏も野放しで、床下に産んである卵を見つけて食べたりもした。島の青年たちは、木の上にいる地鳥を獲って、夜に鍋にして食べたりしていた。食べ物がないときには、食べられないとされていたクワズイモまで食べたこともある。ザンギリにして、一晩水にさらしてから料理をするのだが、それでお腹をこわしたという記憶はない。

小学六年生になると、学校の先生の家に朝ご飯をつくりに行くようにもなった。先生方は白米を食べていたので、そんなときは母のために少し多めに炊いて、おにぎりにして家に持って帰ったりもした。白米は島でも水田のある農家にはそれなりにあったが、どんなに豊かな家でも一年中白米を食べられるということはなく、半分はさつま芋が混ざった。

口之島の子供たち

小学校六年の頃、新しく弟ができ、子守りの仕事が増えた。口之島小中学校の『しおざい』という文集に、小学六年の肥後和美が書いた作文がある。

「私が学校から帰ると、お母さんが、「子どもをおんぶしなさい」と言われたので、かつやをおんぶして遊びました。

かつやは、どうしたのかないて、どうしてもなきやみませんでした。庭を何べんもいったり来たり、歩きまわりました。それでもなきやみませんでした。山羊をみせました。それでもなきます。私は、お母さんに、「どうしてもなきやみませんから、どうにかしてください」とたのみましたが、お母さんはいそがしいので、みてくれませんでした。隣の家にぶたをみせに行きました。ぶた小屋までいかない間に、かつやはなきつかれたのかねいっていました。

　私はよかったよかったといいながら、お母さんにおろしてねかして下さいといいました。お母さんはかつやの小さいふとんを出して、そうっとだいてだまってねかしてくれました。かたがすうーとかるくなりました。私は、宿題はどうだったかと思って、「何の宿題だったかなぁー」と一人ごとを言うと、弟の重行が「算数でしょう」と大声でいいました。かつやがその声で目をさましてしまいました。

　私は弟をなぐりつけたい位腹が立ちました。かつやはねどこの上でおきて坐りました。お母さんが、又ねかそうとしましたがだめでした。私は宿題の事を心配しながら又おんぶしました。

　今度はなきませんでした。おそくまでおんぶして、かたがいたくなったので家にかえりました。お母さんにほめられました」

小学校6年生のとき

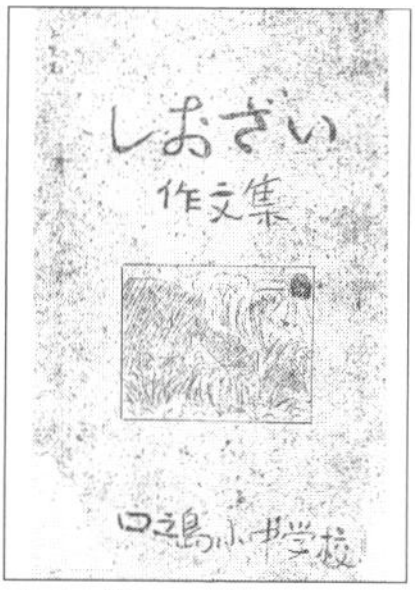

文集『しおざい』／『前岳』より

茂山忠茂／『前岳』より

文集を作成したのは、口永良部小中学校の国語教師だった茂山忠茂である。茂山は生徒から集めた作文を自ら手直しし、丁寧に清書して一冊の文集にまとめた。子供の目を通した当時の島の生活が記された貴重な記録である。

茂山は詩人としても活躍し、新民謡「そてつの実《なり》」や口永良部小中学校の校歌（昭和二十三年制定）の作詞を手がけ、生涯に何冊かの詩集を出版した。平成九（一九九四）年には、詩集『不安定な車輪』で南日本文学賞も受賞している。徳之島伊仙町出身であったが、一時期名瀬に住んでおり、和美を訪ねてこの文集を手渡したのである。

和美はそれを大切に保管し、口之島小中学校の創立八十周年記念誌『前岳』（平成二十三年発行）の編纂の際に提供した。文集は同誌に転載され、多くの関係者の目に触れることになった。

子供の頃に書いた作文のことなどすっかり忘れていた卒業生たちは、口々に、

「なつかしいね」

「昔の自分はエラかったんだ」

などと言って喜んだ。

『しおざい』からもう少し紹介しよう。

まずは食べ物の話。

「口之島で一ばん多いたべ物はからいもとさといもです。朝ごはんはほとんどからいもとつけものです。おいしいものをたべたいといつも思いますが何もありません。ごちそうは、おとうさんが魚をとってくるときに、魚をたくさんたべるだけです。ぼくは、ぶたにくやたまごやりんごやおか

創立八十周年記念式典で歌う和美／『前岳』より

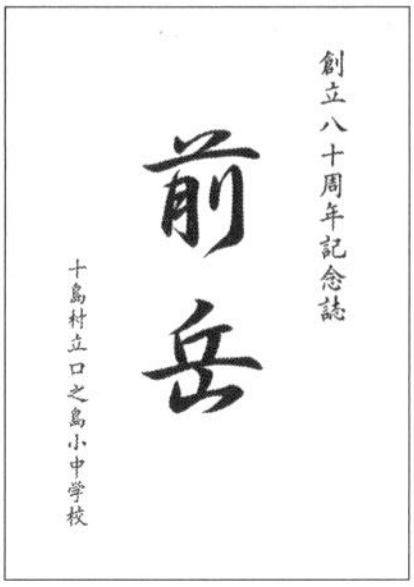

創立八十周年記念誌『前岳』

し等をたくさんたべたいです」

島の過酷な生活をさりげなく綴った文もある。

「私たちは、あのおそろしいコレラのために昭和二十年に母をなくしてしまいました。それで、今は私と父と二人の姉が居ます。或日私は父と畑に行きました。父はいつも畑へ出て一生けんめい働きます。その日私は父の後からついていってびっくりしました。父は、たくさんの石を畑から掘り出しておりました。私が、だまってそのたくさんの石を眺めていると、「サヨ子、お父さんはいつも畑にきて、ぼんやりあそんでいるのではないよ。この石をごらん。毎日こんな苦労をしているのだよ」と父は私に言いました」

「一昨日、ある島のおじさんがいらっしゃって、姉のイネ子を自分の家の女中にやとわしてくれないか、と父と話していました。父はやってもいいと話していましたが、又イネ子がよそにいってよく働く事が出来るのかと心配になったらしく、又やらないといってしまいました。イネ子はぜひ行きたいといって父に何回も頼みましたがだめでした。イネ子はとうとう家に居れずに、どこかの山にかくれて一日をすごしました。今朝もまだ帰っていませんでした。私は姉がかわいそうでなりません」

「ひちがい」という禁忌の慣習を書いた作文もある。この慣習に関しては生徒たちの意見が分かれた。

「口之島には、「ひちがい」という習慣があります。夜おそくなったら外に出てはいけない事になって居ります。それで私達はその晩は便所に行く事もできません。こんな事は、私は迷信だと思います」

「ひちがいは迷信だと言いますが、そうばかりはいえないとおもいます。去年ひちがいの晩に私が小便に出ました。しばらくたった或日、おばさんが病気になって、神様にうらないをしてもらいました。そのうらないで神様からのおつげは、「ひちがいの夜に、十二、三歳位の女の子が小便に出た、そのたたりだ」とでました」

島には「カネつけ」という行事もあった。漢字で書けば「鉄漿付け」、つまり女子がはじめて「お歯黒」をつける行事である。

「上先生、私達は今日きれいな着物を着てリボンをむすんで、トンチの祭にまにあうようにいかなければなりません。そこで皆でまつりがすむまですわっているのです。お祭りがすんだら、自由にどこでも行っていいのです。皆さんにもめいわくですが、これが私達の島の習慣ですから仕方がありません」

「私達は今日かねつけをするので、学校はひまをもらって休みなさいと、うちの人からいわれました。私は学校に来たけど、先生にいうのがはずかしくてだまってかえりました。（……）先生、今日はどうか休ませて下さい」

近親者の死を題材にした作文もある。

「父はうんうんうなっていました。私が顔を近づけると、目をぎょろつかせてとてもこわい顔で苦しそうでした。人がいっぱいおみまいに来てくれました。私は有り難いと心の中で思いました。（……）すっかり夕方になっていました。村はずれの私達の家はもの音一つせず、おそろしい程静かでした。やがてその静けさをやぶってかえるが「ケロケロケロ」となき出しました。私はやさしい父が死ぬのかと思うと、息がつまるような感じがしました。翌朝父はとうとう此世を去ってしまいました。あれから何年かたちました。父がなくなってから私達はすっかり貧乏になりました。母は父が居たらこんな苦労をしないのにとよくいいます」

「『姉さん、具合が悪いの？』と私がたずねましたら、どうもないと答えました。しかし姉さんの顔色はますますわるくなって、呼吸が苦しそうでした。皆姉さんのまわりに集まりました。二、三分もたたないうちに姉さんは死んでしまいました。私は姉さんにすがりついて『わッ』と泣きました。（……）父は『この島には医者が居ないから一番いけないんだ』とくりかえし言ってはなきました」

医者のいない島では死は身近なものだった。和美にも弟が生まれる前に妹がいたが、生後間もなく赤痢にかかって死んだ。ペニシリンがあれば救われたはずの命だった。

生活が落ち着いた頃、西古見から呼び寄せた祖母も島で亡くなった。ある朝、いつものように、

「ばあちゃん、お茶よ」

と声をかけると、冷たくなっていた。

最晩年の祖母は半分認知症のような状態で、家の中には祖母だけのための、穴を掘ってバケツを

13歳のとき（中央）

15歳のとき（左）。
この年、口之島小中学校を卒業

置いた便所があった。奄美に帰りたがって、あるとき、
「歩いて帰る」
と外に出て行方不明になり、島中を探して、ようやく山の中にポツンと一人でいるのを発見したことがあった。

祖母の遺体が墓地に向かうとき、道の両側に島の人たちがずらっと並んで、大声で泣きわめいていた。不思議な光景だったが、島ではそうして泣きわめいて葬列を送るのが習慣だったのである。

中学一年になると、和美は奄美大島の瀬戸内町の久慈にいた母の姉の家に預けられた。叔母は子供ができたばかりで子守りが必要だったのだが、両親にとっては都合のいい〝口減らし〟だった。久慈には一年以上いた。

当時の久慈は、口之島とは違い、農協もあれば医者もいて賑やかだった。ただ、学校の授業についていくのは大変だった。口之島の学校とは進度がまるで違っていたのである。口之島では毎年教科書が最後まで終わらないことがよくあったが、久慈の生徒は二次方程式を楽々と解き、英語もスラスラと書けたので驚いた。

口之島に戻って中学を卒業すると、集団就職で島を出た。その年の口之島中学の卒業生は十四人だったが、高校に進学したのは一、二人だった。島ではどこの家庭も子沢山だったので、成長した子供が親兄弟の面倒を見るのは当たり前のことだったのである。和美もこれでようやく親や弟たちを助けることができる、と嬉しかった。

昭和三十二年（一九五七）、三月、三、四頭の牛が積まれた貨物船のような船に乗って、卒業生たちと一緒に口之島を出港した。村営定期船が就航する前年だった。

友人たちは見送りの両親に向かって、デッキから体を半分乗り出して、泣きながら手を振っていたが、和美は不思議と涙は出なかった。それよりも、ようやくこの貧乏島から抜け出せるという解放感の方が大きかった。

第二章　紡績の町、一宮

紡績工場へ

琉球民謡に「女工節」という歌がある。

親元ゆ離り　大和旅行ちゅし　　親元を離れて本土に来るのは
淋しさやあてぃん　勤みでむぬよ　　寂しいけれども務めですから
（……）
紡績やアンマ　楽んでぃる来ゃしが　　お母さん、紡績は楽だと言うので来たけど、
楽や又あらん　哀りどアンマ　　楽ではないよ、辛いんですよ、お母さん

この歌がいつ頃から歌われているのか、正確にはわからない。しかし戦前の沖縄では、不景気に

よる就職難から多くの女性が本土の紡績工場に出稼ぎに出た。一九三〇年代には、本土の紡績工場や製糸工場で働く沖縄出身の女工の数は一万人にも上り、「女工天国」と呼ばれた。この歌が歌われたのも、おそらくその頃のことだったろう。

戦後、沖縄が米軍統治下に入ると、高度成長期の「女工天国」は九州になった。九州の中卒者たちの主な就職先は大阪と愛知で、とくに愛知の紡績工場への就職は、女子の集団就職の定番だった。口之島の生徒たちの集団就職先も、女生徒ならば大半が愛知県内の紡績工場だった。

昭和三十二年（一九五七）、十五歳の和美が就職したのも、尾西市の小さな紡績工場だった。木曽川の堤防脇にある黒塗りの木造三階建ての建物で、道を挟んだ隣には安浄寺というお寺があり、境内には梅や桜の花が咲いていた。一帯には小さな紡績工場がたくさんあり、あちらこちらからガッチャンガッチャンという自動織機の音が聞こえていた。

平成十七年（二〇〇五）の市町村合併で一宮市に編入され、一宮市尾西地区となったこの地域は、美濃街道の宿場町で、木曽川の河港として栄えた。尾西とは尾張の西という意味。江戸時代から機業が盛んで、綿織物、絹織物の産地として知られた。明治以後は毛織物が主体となり、全国の毛織物生産の中心地に数えられるようになった。中小の工場が多く、和美が就職した工場もその一つだった。

工場のある地区の東側には、現在は尾西緑道という遊歩道が南北に延びている。桜並木が続き、春になると満開の桜に彩られるこの遊歩道には、現在は糸車を操る着物姿の若い女性の「織姫」像が建っている。これだけ見ればのどかな情景だが、自動織機が普及した当時の織工たちの日常は、この像が想像させる牧歌的な雰囲気とはほど遠いものだった。「女工節」の頃と時代は違ったが、和美を待っていた生活はまさに、「楽や又あらん、哀りどアンマ」だったのである。

和美が就職したのは「岩田織物」という会社だった。就職したときは、口之島の同級生の友だちも一緒だった。従業員は全部で五人くらいだった。従業員は全員女性で、出身地も和歌山、岐阜、佐賀とさまざまだった。

月給は契約時には三万円だったが、いざ給料が出ると二万円しかなかった。一万円は就職のときに引率に来ていた斡旋業者への謝礼として引き去られていたのである。島を出るときは、三万円のうち一万円は親に送り、一万円は自分の小遣い、もう一万は貯金と決めていたので、いきなり計算が狂ってしまった。引き去りは五年ばかり続いた。

工場では最初は糸結びからはじめる。これがなかなかむずかしい。で

岩田織物の工場（平成 30 年）

尾西緑道の「織姫」像（平成 30 年）

ジャカード織機を背景に（昭和34年）

きないと、先輩から血が出るほどつねられた。それが完全にできるようになると、ジャカード織機という二メートルほどの高さがある大きな自動織機を一台まかされた。

発明者であるフランス人の名前を英語読みして「ジャカード」と呼ばれるこの機械は、「紋紙」でタテ糸の動きを制御しながら、複雑な模様を自動で織り込んでいく。

紋紙というのは一枚幅六、七メートル、長さ四十五センチ程度の厚紙で、そこにある穴の数と位置によって模様が決まる。それを何十枚、何百枚と連結させたものを機械に設置すると、あとは機械がそれを自動で読み取る。一枚ずつ読み取るので、最初の紙の読み取りが終わると、続く紋紙が次々と上から落ちてくる。織物工場の独特のガッチャンガッチャンという音は、このときの音なのである。

ジャカードの操作はまず機械に糸を通すことからはじまる。上から順番に、穴が空いている箇所に一本ずつ糸を通す。すべての糸を通すまでが、ひと仕事である。それが終わると、足元の鉄の棒で機械を動かす。

ジャカード織機では、糸を巻いた木管が入ったシャトルがタテ糸の間を往復してヨコ糸を織る。ヨコ糸がなくなると空のシャトルが飛んでくる。それに糸が巻かれた新しい木管を入れて取り換える。問題はタテ糸で、糸が切れたときに目を放していたら、切れたところまで糸をほどいて、やり直さなければならない。とくにカシミヤの糸は細いので、すぐに切れた。作業に手間取って納期が遅れると、怒られた。四年ほど経って機械の操作にも慣れてきたら、担当する機械は二台になった。最初の三年間は、朝五時頃に起床、七時から朝食、食べ終わるとすぐに工場に入るという生活だった。正午まで働いて昼食、昼休みはほとんどなかった。夜は夕食後すぐ工場に入り、十一時か十二時まで働く。睡眠時間は毎日二、三時間程度だった。しかも、納期が近くなると徹夜が続く。

あまりに辛くて、夜逃げする子もいた。和美も一度試みたが、バレて社長に連れ戻されてしまった。これでは持たない、どうにかならないかと思って調べたら、労働基準局に訴えればいいということがわかり、ある日こっそりと基準局に出向いて、抜き打ち検査を依頼した。

基準局がやって来て、

「未成年を徹夜させるなんて、けしからん！」

と社長が大目玉を喰らった。これを機に社会保険もつくようになり、従業員は大喜びだったが、裏で和美が動いたことは誰も知らなかった。その頃、和美は十七歳、工場長になっていた。

一宮の青春

仕事は辛かったが、三食賄いつきの寮生活だったから、食事には困らなかった。寮では最初に自分用のご飯茶碗と汁碗とお皿をあたえられた。食べ終わったら自分で洗って片付けるのである。島では食べられなかった美味しい白米を食べられるのは嬉しかったが、逆に驚くこともあった。

なかでも、トマトが出てきたときは面喰らった。

口之島ではトマトやスイカはその辺に生えていて、勝手に取っても誰も怒らなかった。畑仕事で空腹になったときや、のどが渇いたときにはよく拾って食べた。それがいきなり寮の食事に出てきたので、びっくりしてしまったのである。

寮母に、

「ばあちゃん、これどうするの？」

と尋ねると、

「ソースをかけて食べればおいしい」

と言われ、トマトはおかずだということをはじめて知った。

寮母はアバウトな性格で、たまに腐ったものも出たが、文句を言っても、

「洗って食べろ」

と取り合わなかった。

昼食には、赤だしの味噌煮込みうどんばかりが出てきた。基準局が入ってから昼休みが取れるようになり、外で焼き芋などを買い食いしていたら、知らないうちに体重が増えてしまった。

月に二、三回は休日がもらえたが、休日の楽しみといえば映画だった。入場料が五、六十円という時代である。一日二館かけもちしたこともあった。

日活は石原裕次郎と小林旭が二枚看板の黄金時代だった。中村錦之助の「宮本武蔵」シリーズや市川雷蔵の「眠狂四郎」シリーズなどの時代劇も好きだったが、就職した年に見た東映の日本初の

シネマスコープ作品『鳳城の花嫁』（昭和三十二年（一九五七））が忘れられない。大きなスクリーンに目の覚めるような「総天然色」が広がって驚いた。吉永小百合と浜田光夫の『愛と死をみつめて』（昭和三十九年（一九六四））という映画に涙したこともあった。

スターは身近なところにもいた。昭和三十八年（一九六三）に「高校三年生」を歌ってデビューした舟木一夫は、一宮の生まれだった。その年にこのヒット曲にちなんだ同名の映画が制作されたが、舞台は一宮だった。姿美千子という新人女優がオーディションで選ばれたというのが話題になっていて、近所で撮影が行われたときには、職場の仲間と一緒に見物に行った。

木曽川流域の舟木の実家を訪ねたこともある。寮から自転車で二十分くらいのところだったが、出て来たお父さんは二分刈りで、きりっとした顔立ちの男前だった。

「岩戸」、「いざなぎ」と呼ばれた戦後の好景気のさなかで、休日に一宮の街に向かうバスは女子

『鳳城の花嫁』（昭和 32 年）のポスター

『高校三年生』（昭和 38 年）のポスター

ばかりで賑わっていた。

和美も十代後半の娘ざかりだったから、買い物や街ブラはなによりの楽しみだった。外では学生の姿もよく見かけた。当時流行のブックバンドで留めた本を小脇に抱えて歩く姿がうらやましく、真似をしたりするうちに、学校に行きたいという思いが募ってきた。社長に頼み込んだら、日曜日に洋裁学校に通わせてくれた。学費は社長が払ってくれた。

夏に岐阜の方で大きな花火大会があったので、男性が運転するオートバイの後部座席に乗って見に行ったこともある。ただし、運転していたのは彼氏ではない。名古屋で嫁入りするにはひと財産が必要だと脅かされていたので、特定の男性と付き合ったことはなかった。

映画に比べて歌の記憶はあまりない。美空ひばりが好きだったが、一宮でコンサートがあったときには入場料が高くてとても手が出なかった。寮にはテレビはなかったし、ラジオもまだ贅沢品だった。

ただ、大みそかの「紅白歌合戦」だけは、大きな紡績工場に嫁いだ社長のお姉さんの家で、従業員全員で一張羅の服を着て正座して見た。

南国育ちに堪えたのは冬の寒さだった。とくに工場の中は寒く、体を温めるために、社長から背中に背負う座布団のようなものが配られた。亀の甲に似ていたので通称「かめんこ」と呼ばれていて、それを付けると背中からお尻までは温かかったが、足の冷たさには何の役にも立たなかった。寝るときは、焼き物でできた器に炭を入れ、その上に布団を何枚か重ねて足を温めた。

生まれてはじめての雪も一宮で見た。就職した年の四月だった。珍しくて長々と触っていたら、しもやけで手が真っ赤に腫れてしまった。

体は丈夫な方だったが、一宮で麻疹にかかり、三日間ほど昏睡状態に陥った。都会に住んでいれば、子供の頃にかかったはずの病気だったが、口之島に育ったせいで感染していなかったのである。

昭和三十六年（一九六一）六月、木曽川が氾濫して大きな水害が起きた。いわゆる「三六災害」である。尾西地区の八割が浸水したこの水害では、和美が勤めていた工場もすっかり水に浸かってしまった。寮の二階から眺めると、辺り一面が湖のようになっていた。浸水が引くまで五日くらいかかったが、そのあいだ仕事が休みになったのが嬉しかった。

三六水害、尾西市三条地区での冠水／提供　尾西歴史民俗資料館

会社ではボーナスはなかったが、代わりに「歳暮」と称して毎年反物をくれた。働いているうちに嫁入り道具をそろえた方がいい、という理由からだった。毎年正月になると呉服屋が来て、何反か選ぶのだが、実際に着物をつくったのは数回で、年とともに反物ばかりが増えていった。
勤めていた会社の社長は、就職して数年経った頃、交通事故で亡くなった。葬式のとき、喪主や兄弟がみな白喪服を着ているのが不思議だった。尋ねると、この地域では近親者は白を着て、それ以外の人は黒を着るとのことだった。慣習の違いに驚いたが、食事時に赤飯まで振る舞われたときには、さらに驚いた。

社長の子供はまだ小さかったので、奥さんが後を継いだ。和美が結婚で退社するとき、奥さんは嫁入り道具を一式プレゼントしてくれた。

気がつけば、一宮には七年もいた。

第三章　リトル奄美、尼崎

結婚

口之島にいた両親は、父親が季節労働者として大阪に出るようになると、母もよく一緒についてきて、正月も大阪で過ごしていた。ある日、父母の家に行くと、たまたま遊びにきていた女性から、

「あんた、和美ちゃんじゃない」

と声をかけられた。西古見にいたときの西という同級生の母親だった。

「尼崎にはあんたの同級生がいっぱいおるよ」

と言うので、何度か家に遊びに行くうちに、その家の息子で同級生だった西恵洋《よしひろ》と結婚することになった。

昭和四十年（一九六五）正月に一宮の紡績工場を辞め、四月に結婚式を挙げたときは、二十一歳だった。尼崎に住み、翌年には長女が、その三年後に長男が、さらにその三年後には次男が生まれた。

左から和美、石原久子、一人おいて竹原由和子（昭和 49 年）

大阪湾に面する尼崎は水運に恵まれているうえ、大阪などの大消費地にも近く、戦前から繊維・製鉄所関連の大手企業の工場が建ち並んでいた。戦後の高度経済成長期には、化学、機械関連の工場も次々と建設され、阪神工業地帯の中核都市として発展した。

奄美群島からは、集団就職や出稼ぎなどで、多くの労働人口が尼崎に流れてきた。和美がいた当時の尼崎の奄美出身者は二十万人とも言われた。

奄美では出身集落を同じくする人々が集う組織を「郷友会」と呼ぶ。郷友会の活動は大変盛んで、出身者には密なつながりがあった。西古見出身者の郷友会「西古見会」はとくに大きな組織で、青年団の活動も活発だった。

当時、義母の茶飲み友だちでよく家にきていた人に、竹原由和《ひわ》子という人がいた。年齢は和美より二十歳以上も上で、加計呂麻島の出身だった。奄美にいたときは宇検村久志の唄者、嶺直則とよくコンビを組んで、島の各地を回ったという島唄の名人だった。勝島徳郎と一緒に歌った「かんつめ節」や「諸鈍長浜節」などの島唄のドーナツ盤のレコードが、沖縄のマルフクレコードから出ていた。

和美はいつからか竹原が主宰する教室に誘われるようになった。

「あんたは独特な声をしているから、島唄を歌ったら絶対にいいよ。いっぺんうちの教室に来てごらんなさい」

と何度も言われたが、島唄など歌ったことはなかったので適当に聞き流していた。

それどころか、仕事と子育てに追われて、ほかのことを考える余裕などなかった。子供が小さいときはさすがに家にいたが、夫が職を転々として落ち着かなかったので、自分で稼がなければと腹をくくり、三人目の子供ができた頃から、阪神線の大物駅の近くにあったユニチカの工場の給食センターで働きはじめた。

ユニチカの工場跡（令和４年）

当時ユニチカは、東京オリンピックで金メダルを獲得して「東洋の魔女」と呼ばれた女子バレーボールチームのメンバーの大半が所属する会社として有名だった。

朝三時に起床して、自転車に乗ってユニチカに行き、七時まで仕事をして家に戻る。子供に朝ご飯を食べさせたあと、洗濯物を干して、子供を学校にやり、九時からまたユニチカに行き、夕方の五時まで働いた。忙しくはあったが、自転車をこぐのは人一倍速かったから、苦にはならなかった。

家に帰って夕食の準備をしたあとは、夜七時から二時間、近所の料亭でビールを運んだ。十一時頃に帰宅して、急いで風呂に入り、ようやく就寝。そんな生活の繰り返しだった。

それでも病気になったことはなかったし、働きながら調理師の免許も取った。働きずめに働いたおかげで、お金は貯まった。昭和五十年前後は景気もよく、銀行も金利が高かった時代だったので、貯金は面白いように増えていった。

そんな和美を、竹原は会えば必ず自分の民謡教室に誘った。あまりしつこいので、さすがに根負けして、一度練習に参加してみることにした。義父が島唄好きで、酒に酔うと必ず段ボールでつくった自作の三味線を引っぱり出して歌っていたので、囃子をつけてあげたら喜ぶだろうという思いもあった。

教室を訪ねて練習を見ていると、生徒たちがこんな唄を歌いはじめた。

行きゅんにゃ加那　　行ってしまうの
吾《わ》きゃくとぅ忘れて　行きゅんにゃ加那　　私たちのことを忘れて、行ってしまうの
汝《な》きゃくとぅ思《う》めばや　行き苦しゃ　　あなたたちを思うと、行くのが苦しくなる
スラ　行き苦しゃ　　ああ、行くのが苦しくなる

聞き覚えのあるメロディだと思ったとたん、頭の中に子供の頃の西古見の暮らしが甦った。それは父方の祖母が、庭先でナリを割るときに口ずさんでいた唄だったのである。実の中身を一つ一つ箸でつまんで取り出す祖母の姿が目に浮かび、なんとも言えず懐かしい気持ちになった。

「そうか、あれは島唄だったんだ」

とはじめて知った。

子供の頃から島唄が身近にあったことがわかると、自然と練習にも力が入るようになった。まだ小さい娘と息子の手を引いて、二週間に一度の練習を繰り返すうちに、次第に島唄に惹かれていった。

教室では二時間の練習時間のうち、最初に必ず「朝花節」を歌った。

拝《うが》まん人《ちゅ》む　拝でぃ知りゅり　はじめて出会う方とこうして知り合えるのは
神ぬ引き合わせに　神さまの引き合わせのおかげ
拝まん人む　拝でぃ知りゅり　はじめて出会う方とこうして知り合えるのは

奄美の歌遊びはまずこの「朝花節」からはじまる。だから、「朝花節」だけはしっかりとマスターするようにと言われていた。歌うときは、

「自分の声を殺すくらいの声を出すように」

と注意された。「朝花節」は声ならしの唄でもあったのである。

教室で歌う唄はほとんどが島唄の定番曲だった。練習を続けてしばらくすると、「よいすら節」や「くるだんど節」などは、なんとか自分で歌えるようになった。

竹原には島唄の発声法を基礎から教わった。週に二回は六甲山に連れて行かれて、大声を出す練習をさせられた。何時間も声を出し続けて家に帰ったら、喉から血の塊が出てきたこともある。

「縄跳びを毎日三百回しなさい」

と言われたので、言われた通りに毎日三百回飛んだ。何のためかはわからなかったが、島唄が上手になれるなら、なんでもやりたいという気持ちだった。

夫の恵洋も陰ながらサポートしてくれた。

尼崎で奄美民謡森民和会という島唄教室を主宰する森俊光は、その頃恵洋から、

「和美が一生懸命に練習しているから、なんとかしてもらえないか」

と頼まれて、自宅で和美の唄に三味線をつけたことがある。

森は宇検村古志の出身だったが、島唄をはじめたのは大阪に出てからだった。師匠はおらず、ただ何枚かの島唄のレコードを聴きながら耳だけを頼りに、三味線で一つ一つ音を探しながら曲を覚えていった。

関西の地に新しい島唄文化が育ちつつあった。

関西の島唄教室

和美が島唄を習いはじめた頃、関西でも島唄教室というものはすでに一般的になっていた。けれども、その環境は一朝一夕にできたわけではなかった。

徳之島伊仙町の出身で、徳之島民謡の唄者として知られる川本栄昇は、十五歳のとき最初の家出を試みて失敗した。十九歳になった昭和二十九年(一九五四)、二度目の挑戦でようやく大阪に出た。

本土復帰の翌年だった。

「あの頃の大阪では、われわれが島唄を歌うなんていうことは、絶対にできなかった」

と川本は回想する。

当時の大阪は沖縄や韓国の出身者に対する差別意識がまだ根強く、店によっては、

「朝鮮人、琉球人、入店お断り」

という貼り紙をしているところもあった。

一字姓が多い奄美出身者は、名前や方言から朝鮮半島や沖縄からの密航者と間違われる恐れがあった。島唄のように本土と異なる文化を積極的にアピールできる雰囲気は、どこにもなかったのである。

川本栄昇（平成27年）

友人から当時評判になっていた唄者の武下和平のレコードを借りたときも、近所に音が漏れないように頭から布団をかぶって聞いた。それほど気をつかう時代だったのである。

事情は東京でも変わらなかった。瀬戸内町嘉鉄出身の唄者である太原俊成《たはらとしなり》は、沖縄の瑞慶覧の米軍基地で六、七年働いたのち、昭和三十一年（一九五六）、二十六歳のときに東京に移り住んだ。その後、昭和四十七年（一九七二）に関西に居を移

左から山田スマ子、吉永武英、一人おいて太原俊成、石原豊亮／国立劇場の第 10 回民俗芸能公演「日本の民謡」に出演（昭和 45 年）

し、自ら教室を主宰するなどして長く島唄の指導にたずさわったが、よく生徒たちにこう言っていたという。

「あの頃の東京では、島の人たちが集まる会でも、大きな声で島唄を歌えるような社会環境ではなかった。どんなに島唄好きな人の家でも島唄を歌うことがはばかられるような時代だった」

そうした状況でも奄美島唄の価値を信じ、それを本土の人たちに知らせようと尽力する人たちがいた。太原がよく名前を出したのは、弁護士の元田弥三郎と東洋ランドリー社長の川畑清の二人だった。

元田は明治三十二年（一八九九）、瀬戸内町久慈の生まれ。小学校を終えて上京し、苦学して三十一歳で高等試験司法科試験に合格した。人望も厚く、東京奄美会九代目会長を務めた。一方の川畑は明治四十四年（一九一一）笠利町宇宿の出身で、十七歳のときに上京し、洗濯屋の小僧から出発して、のちに業界の先端をいくドライクリーニング業を都内各地で展開した。ともに無類の島唄好きとして知られた。

昭和三十四年（一九五九）、この二人の仲介で、太原は前田セキとともに料亭に招かれ、文部省の芸能担当者の前で島唄を歌った。その後、当時文部省の無形文化財の担当者であった三隅治雄や西角井正大の前でも歌ったが、このときは太原が大島南部のヒギャ唄だったので、神戸から上村藤枝を招いて北部のカサン唄も披露してもらった。

上村は米軍占領下の奄美群島を回って島唄や新民謡を歌い、「奄美の美空ひばり」と呼ばれて親しまれた大ベテランで、復帰後は神戸に暮らしていたのである。

こうした奄美出身者の努力によって、昭和三十六年の「第十六回文部省芸術祭主催公演・第十二回全国民俗芸能大会」で奄美民謡が紹介されることになった。奄美民謡は、これによりいわば公的なお墨付きを得たのである。この公演はまた、さまざまな人の人生を変えることになる重要な公演

元田弥三郎（昭和 59 年）

川畑清（昭和 38 年）

になった。

関西奄美会が作成した「関西奄美会年表　戦後編」を見ると、一九七三年までは関西の郷友会関係のイベントに「島唄」の文字は登場しない。「民謡」の文字は見えるが、それは三界稔や大島ひろみなどの新民謡を指し、島唄のことではない。島唄の話題は、せいぜい高齢のおじいさんが挨拶のときに島唄の歌詞を口にしたとか、宴会の出席者が全員で「くるだんど節」を合唱したという記載だけである。

もちろん当時から関西には唄者はいたし、昭和三十年代にはすでに仲間内の島唄教室も行われていた。しかし、島唄は現在のように郷友会の定番の出し物ではなかったのである。

月刊奄美関西支局編『郷土会と私―関西の奄美人』に、関西久根津会元会長の岩井武範の回想がある。昭和四十一年（一九六六）五月、阪神久根津会創立総会でのひとコマである。

「思い出に残る先輩として、今は亡き発起人でもあった渡辺雄吉長老を思う。服部緑地公園の一角で創立総会のとき、（……）宴も中頃、隠し持っていたサンシンを弾き始めた。サンシンの甲高い響きが周囲に伝わり、視線が一斉に集中した。（……）「サンシンを持ちださないように奥にしまってあったのに」奥さんは話された。長老の歌に相づちを打つ人、鳩笛を鳴らす人もあった。（……）私たちは島唄を知ってはいるが周囲の人々は歌詞やメロディも聞いた事も無い何処の国の歌だろうか、と奇異に感じただろう。「これは奄美の民謡です」とその時皆の前で説明する勇気がなかった私は、今でも悔いている。長老は六調と云い出したが、宥めて万歳を三唱して会を終えた。次また会いましょうと、さわやかな感動が残ったが、私は複雑な感情だった」

その島唄が「関西奄美会年表—戦後編」の中ではじめて余興に登場するのは、昭和四十八年（一九七三）である。

「舞台では関西奄美民謡保存会の一行による島唄の合唱披露などがあり盛会であった」

ここに書かれている「関西奄美民謡保存会」とは、昭和四十六年（一九七一）に立ち上げられた組織で、発起人となったのは有川清夫《せいお》の周囲に集まった関西在住の奄美出身者たちだった。

有川は明治四十三年（一九一〇）、笠利町用の生まれ。鹿児島第一師範学校卒業したのち、奄美大島、横浜、大阪で教員生活を送り、晩年は吹田市議会議員を三期務めた。昭和十五年京都で、ある万葉学者が奄美民謡の一節を激賞するのを聞いて、奄美民謡の文学性に目覚めて私的な勉強会を開き、晩年にはその成果を『奄美民謡と万葉集』（昭和五十一年）と『奄美ことばの抒情性』（昭和五十六年）の二冊にまとめた。

有川清夫『奄美ことばの抒情性』（昭和 56 年）

有川の勉強会を通じて奄美民謡の価値を認識した人たちが、先祖の貴重な遺産を保存・継承しようと前年から話を進めて設立したのが、関西奄美民謡保存会だったのである。昭和四十八年（一九七四）五月には、指導部長に上村藤枝、三味線に要福三、要栄兄弟を迎えて、週一回の島唄教室がはじまった。

ひとくちに奄美民謡と言っても、北部と南部では唄の伝統が異なり、北部は「カサン唄」、南部は「ヒギャ唄」と呼ばれて区別される。

大島北部（平成 20 年）

大島南部（平成 20 年）

一般に北部の唄はゆったりと穏やかで、南部の唄は激しくダイナミックであると言われるが、それほどはっきりとした区別があるわけではない。こうした違いは、平野が多い北部と、山がちで海岸線が複雑な南部との地形の違いによって説明されることが多いが、実際に地形が原因かはわからない。

また、北部と南部では、どちらか一方でしか歌われない唄や、同じ名前の唄でも別の曲かと思うほど歌い方が異なる唄もある。ほかにも、北部では別れ唄として歌われる曲が、南部では祝い唄として歌われるというような唄にまつわる習慣の違いもある。

少なくとも、山の多い奄美大島の地形が北部と南部の交流をむずかしくし、それぞれの唄の伝統をつくったことはたしかだろう。

関西奄美民謡保存会は、有川の周囲に集まった人たちが中心だったこともあり、北部のカサン唄の練習を目的とする集まりであった。一方、ヒギャ唄には、関西ではすでに尼崎に尼崎奄美民謡愛好会という組織があり、屋為良《おくためりょう》を中心に活発な活動をしていた。

竹原は自分の教室のほかに、この愛好会でも指導者を務めていた。島唄への興味が増す一方であった和美は、竹原の教室ばかりではなく、愛好会の練習にも参加するようになった。

関西の島唄ブーム

昭和四十八年（一九七四）五月三十日付の南海日日新聞（以下、南海日日）は、

「関西で島唄ブーム　同好者で保存会結成」

という見出しでこう報じた。

「関西在住の奄美出身者の間で故郷・奄美の「島唄」がブームを呼んでいる。二つの島唄教室があって、約五十人が稽古しているほか、各郷友会でもほとんどが歌遊びの時間を設けており、島唄のレコードが飛ぶように売れている」

同紙はまた、島唄への関心が高まったのは昭和四十六年（一九七二）頃からで、歌遊びのグループがいくつかつくられ、保存会にも習いたいという希望が殺到し、特に若い人からの希望が多いが、教室が狭いことから現在の人数以上は受け入れられないと報じていた。それにしても、なぜこの時期に関西で島唄がブームになったのだろうか。

その一因は、レコードにあった。当時、島唄のレコードを制作していたのは、名瀬の楽器店であるセントラル楽器である。昭和三十一年（一九五六）からレコード制作をはじめた同社は、先の川

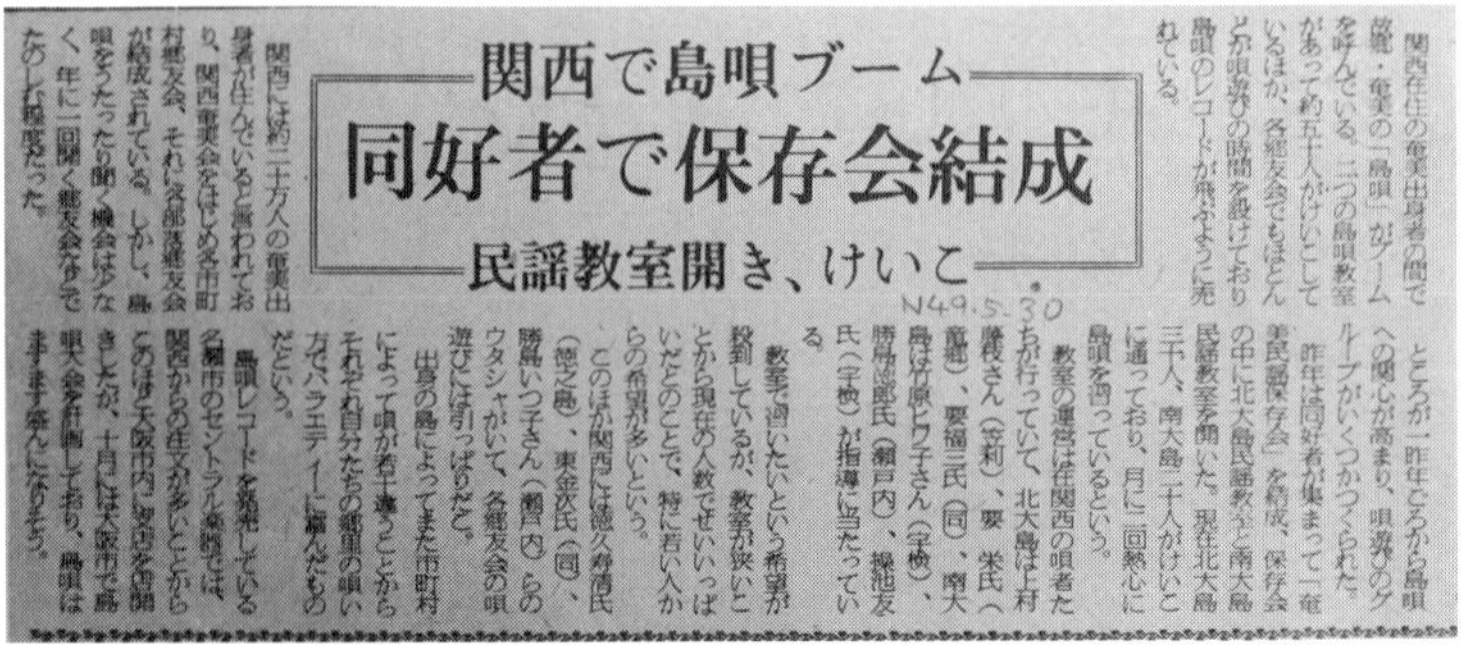

関西で島唄ブーム
同好者で保存会結成
民謡教室開き、けいこ

関西在住の奄美出身者の間で故郷・奄美の「島唄」がブームを呼んでいる。二つの島唄教室があって約五十人がけいこしているほか、各郷友会でもほとんどが唄遊びの時間を設けており島唄のレコードが飛ぶように売れている。

関西には約二十万人の奄美出身者が住んでいると言われており、関西奄美会をはじめ各市町村郷友会、それに各部落郷友会が結成されている。しかし、島唄をうたったり聞く機会は少なく、年に一回開く郷友会大会でたのしむ程度だった。

ところが一昨年ごろから島唄への関心が高まり、唄遊びのグループがいくつかつくられた。

昨年は同好者が集まって「奄美民謡保存会」を結成、保存会の中に北大島民謡教室と南大島民謡教室を開いた。現在北大島三十人、南大島二十人がけいこに通っており、月に二回熱心に島唄を習っているという。

教室の運営は在関西の唄者たちが行っていて、北大島は上村藤枝さん（笠利）、要　栄氏（竜郷）、要福三氏（同）、南大島は竹原ヒワ子さん（宇検）、時治郎氏（瀬戸内）、操池友氏（宇検）が指導に当たっている。

教室で習いたいという希望が殺到しているが、教室が狭いことから現在の人数でせいいっぱいだとのことで、特に若い人からの希望が多いという。

このほか関西には徳久寿清氏（徳之島）、東金次氏（同）、勝島いつ子さん（瀬戸内）らのウタシャがいて、各郷友会の唄遊びには引っぱりだこ。

出身の島によってまた市町村によって唄が若干違うことからそれぞれ自分たちの郷里の唄い方でバラエティーに富んだものだという。

島唄レコードを発売している名瀬市のセントラル楽器では、関西からの注文が多いことからこのほど大阪市内に支店を開きしたが、十月には大阪市で島唄大会を計画しており、島唄はますます盛んになりそう。

関西の島唄ブームを伝える新聞／昭和49年5月30日、南海日日新聞

本栄昇の回想にあった唄者武下和平のレコードを昭和三十七年（一九六二）に制作して評判を呼んでいた。

安価なレコードプレーヤーの普及で、関西の奄美出身者のあいだではレコードが以前よりもずっと身近なものになっていた。復帰後の奄美から関西に移住し、しばらくは生活することに精一杯であった人たちが過去を回顧する年齢になり、望郷の念とともに故郷の唄に耳を傾けることもあったろう。

武下のレコードを布団をかぶって聞いたという川本のエピソードは、おそらく当時関西にいた少なからぬ奄美出身者に共通する経験だったのではないか。

事実、セントラル楽器には一九七〇年代に入って大阪からの注文が増えはじめる。手応えを感じた同店は、昭和四十九年（一九七四）一月、はじめて大阪の奄美物産展に出店した。

この年セントラル楽器が発行した機関紙「しまうた」創刊号には、

「大阪高島屋…奄美物産展　民謡レコード好評!!」

という見出しでこう書かれている。

「去る一月廿四日より廿九日まで大阪ナンバの高島屋デパー

トで奄美物産展が行われたが、セントラル楽器では、はじめて島唄レコード・テープを出品した。社長と奄美民謡担当の小川も会場に出向き直接お客様との応対にあたったが、関西の島唄愛好者の層の厚さをひしひしと感じた。期間中、レコード・テープだけで五十余万円の売り上げを記録。この物産展を契機に今後、関西で民謡大会を行ったり、島唄レコード・テープの扱店をおくなど、関西との交流を積極的に行っていく予定である」

　同紙の「ごあいさつ」では、社長の指宿良彦が、

「（関西には）あちこちに島唄グループが誕生するなど、想像以上に島唄熱が高まっていることに、喜びと感動すら覚えました」

と書いている。

　前年の昭和四十八年（一九七三）、セントラル楽器は四人の唄者の「傑作集」を制作した。四人とは、笠利町佐仁出身の南政五郎、徳之島井ノ川出身の徳久寿

奄美民謡
情報交換の広場
発行日昭和49年5月1日
創刊号

しまうた

発行・編集
㈱セントラル楽器

レコーディング記念
奄美民謡大会
5月4日(土)5日(日)

「しまうた」発刊に際して
ごあいさつ

昨年制作された
4氏のレコード

民謡大会プログラム

四氏のレコード

「しまうた」創刊号（昭和 49 年）

清、瀬戸内町古志出身の勝島徳郎、宇検村生勝出身の坪山豊である。

南政五郎は、明治二十二年（一八八九）、笠利町佐仁集落の生まれで、「政五郎節」と呼ばれる独特の節回しで一世を風靡した名唄者だった。復帰前に上村藤枝とともに島唄を歌って群島内を回った大ベテランで、セントラル楽器からはすでにレコードが出ていたが、新しい「傑作集」は新録音だった。

坪山豊は昭和五年（一九三〇）、宇検村生勝の出身で、本職は船大工であった。二年前にデビューしたばかりの新人だったが、奄美の島唄界に久々に登場した新しいスターとして期待されていた。

ほかの二人は、関西在住の唄者だった。徳久寿清《じゅきよ》は大正三年、徳之島町井ノ川集落の出身で、父や叔父が歌好きで子供の頃から島唄に親しんできたが、昭和三十年代に島を出て神戸に移住。徳之島民謡と大島民謡のどちらも歌いこなす器用な唄者で、神戸市福原町で「ニュートルコ温泉」を経営するかたわら、自ら「奄美民謡徳久教室」を主宰して島唄を教えていた。

勝島徳郎は大正十年（一九二一）、瀬戸内町古志の出身。古志の八月踊りの重要な担い手の一人で、古仁屋の消防署に勤務しながら唄者として活躍した。自ら録音機を担いで採集活動も行い、「くばぬ葉節」、「山と与路島」、「ちぎょいはま岳」などの唄を発掘した。仕事唄である「イトゥ」にはじめて三味線の伴奏をつけて歌った人でもあった。昭和三十五年（一九六〇）に神戸に移住し、のち伊丹市に移った。「傑作集」の囃子は、当時二十三歳だった娘の伊都子が担当した。

セントラル楽器のレコードが大阪で大きな売り上げを記録したのは、新しい四枚のレコードの唄者のうち、二人が関西在住であったということも大きかっただろう。

この四枚のレコードの発売を記念して、セントラル楽器は昭和四十九年（一九七四）五月に名瀬で四人の唄者による民謡大会を開催したが、同年十月には大阪でさらに大きな民謡大会が企画された。伊丹市の市立社会経済館で開催された「奄美民謡名人大会」である。

大会の主催は阪神北部奄美会で、同会の創立一周年の記念事業の一環であった。会の創設には伊丹市職員の勝島徳郎も関わっており、大会の企画においても中心的な役割を果たした。資金面での後ろ盾となったのは、関西金属工業の設立者で、初代および二代関西奄美会総連合会会長を務めた前田村清《むらきよ》ら徳之島出身の実業家たちであった。

後援にはセントラル楽器とともに南海日日新聞社が名を連ねたが、この種の大会に両社が後援として名を連ねるのは、その後恒例になっていく。出演者は、奄美から坪山豊、南政五郎、吉永武英らで、関西からも勝島徳郎・伊都子父娘、徳久寿清、竹原由和子などが加わった。関西初と言えるほどの大規模な民謡大会だった。

関西における島唄のイベントは、その後も続いた。

翌々年の昭和五十一年（一九七六）四月には、関西奄美会の主催

『南政五郎傑作集』（昭和 48 年）のジャケット／セントラル楽器

『勝島徳郎傑作集』（昭和 48 年）のジャケット／セントラル楽器

前田村清、右は横綱・朝潮／月刊奄美関西支局（編）『郷土会と私―関西の奄美人』より

による「第一回奄美芸能発表大会」が中之島公会堂で開催された。当日は開場前から入り口に長蛇の列ができ、収容人数千八百人の会場に二千三百人を超える観客が押し寄せた。

南海日日は、

「関西、奄美の名人競演」

という見出しで、唄者の声をこう伝えた。

「この日の代表的出演者の上村藤枝さんは、この二十年間、神戸で奄美民謡を守り育ててきただけに感無量。「嬉しいですね。島の民謡をこんな大きな会場でやれるなんて、これからも一生懸命唄い、そして、後に続く人々を育てていきたい」と語った。一日中出ずっ張りの要栄さんも「楽しいですね。島の唄者としての誇りを胸に、これからも唄い続けて唄い継ぎたい」と疲れも見せず意欲的」

大会の目玉は昭和三十八年（一九六三）に「島育ち」をヒットさせた田端義夫の歌謡ショーだったが、それ以外の出演者は大半が島唄関係者で、前半は関西在住の上村藤枝や要栄や島唄教室の生徒たち、後半は大島から招かれた南政五郎、福田喜和道、石原久子といった唄者たちが登場し、観客は大いに沸いた。

和美が竹原の教室に通いはじめた昭和五十三年（一九七八）頃は、関西の奄美出身者のあいだでかつてないほど島唄熱が高まっていたのである。

この頃から、それまで武庫川河川敷などの野外で行われていた郷友会が屋内のホールに移り、次第に島唄がメインに据えられることが多くなってきた。そうしたホールでは、舞台の上まで、熱心な観客が置いたカセットテープレコーダーが所狭しと並ぶのがつねだった。

レコードやカセットテープなどのメディアが島唄人口の増加にあたえた影響は大きかった。無視できないのは、歌詞カードの貢献である。歌詞カードのおかげで、島で聞いていたときには何を歌っているのかわからなかった島唄の内容がはじめて理解でき、島唄に興味を覚えるようになったという人は少なくなかった。

この島唄ブームは、全国的な民謡ブームとも連動していた。

昭和五十三年（一九七八）四月にはNHKで、当時「民謡界の百恵ちゃん」というニックネームで呼

関西、奄美の名人競演
賑やかに奄美民謡芸能大会

出演者もせい一杯のサービス

四月、新緑に燃える大阪
区中之島公園・中之島公会
先月二十五日第一回奄美芸
表大会が開催された。
当日は開場前から観客が
かけ、長蛇の列をつくり、
の十時には、立見席まで
り、収容人員千八百人の会
二千三百人も入場、主催者
西奄美会の役員たちは整理
汗。
十時の定刻には映画「奄
心」を上映、島への親近感
郷心をかきたてた。
司会は瀬戸内町戸口出身の
真須夫さんで、まず第一部
者として有名な関西在住
栄さん（竜郷町戸口出身）
村静枝さん（笠利町崎原
翠福三さん（戸口）、中元
さん（宇検村宇検）、太原
（瀬戸内町嘉鉄）、中水八
（瀬戸内町管鈍）、仁禾久
瀬戸内町之）、宮本美賀代

第1回奄美芸能発表大会／昭和51年5月4日、南海日日新聞

昭和５４年(1979年)１０月２８日

第２回民謡大賞

奄美民謡、日本一に

築地俊造さん優勝

決勝で東方を圧倒

弾き語りが有利に

民謡研究家　久保けんおさん

築地俊造、民謡日本一に／
昭和 54 年 10 月 28 日、南海日日新聞

ばれた金沢明子が、民謡歌手の原田直之とともにレギュラー出演する「夜の指定席　民謡をあなたに」という番組がはじまる。若者にもアピールするように、金沢がジーパン姿で歌うなど新しい趣向を凝らした演出が話題になった。

この番組は関西でも人気で、和美もよく見ていた。それまでお年寄りのものとされていた民謡のイメージが、大きく変わろうとしていた。

同年十月には、日本テレビの開局二十五周年を記念して、民謡番組「耀け！第一回　日本民謡大賞」という民謡界の一大イベントがはじまった。

日本民謡協会や日本郷土民謡協会などの全国的な組織が中心となり、全国四十七都道府県の予選会で選抜された出場者たちが、毎年一回日本武道館で民謡日本一を競うという大会で、プロの歌手にも出場権があった。大会の模様は、日本テレビ系列で土曜日に二時間枠の生放送で全国放映された。

大会は予選と決勝に分かれ、決勝では東日本と西日本に分かれてトーナメント戦が進み、最後に両地域の勝者の一騎打ちとなる。

昭和五十四年（一九七九）の「耀け！第二回　日本民謡大賞」で大賞を獲得したのは、奄美から出場して「まんこい節」を歌った築地俊造だった。決勝では九人の審査員全員が築地に票を入れるという圧勝だった。

奄美は大騒ぎになった。

坪山豊との出会い

和美の家には、島唄好きの義父が購入したレコードが何枚もあった。島唄を習いはじめてから、和美はそのレコードをよく聞くようになったが、地声が低かったので、女性よりも男性の唄者を聞いて参考にすることが多かった。とりわけ気に入ったのは、坪山豊だった。声の高さが自分と合っていて、いつしか歌い方の手本とするようになっていた。

昭和五十三年（一九七八）十一月、坪山と築地は「アジア伝統芸能の交流」という国際学術大会に招聘された。この大会は東京の国立劇場での公演のあと大阪でも行われ、奄美会でも歓迎会が催された。あいにく築地は欠席だったが、坪山が一人でやってきた。和美は憧れの唄者に会えるというので、宴会場ではできるだけ坪山の近くの席に座って、熱心に話に耳を傾けた。その様子に気づいた坪山が、

「あんた、唄が好きなの？」

と聞くので、緊張しながら、

「はい」

島唄が世界の舞台へ
「アジア伝統芸能の交流」
坪山、築地両氏が出演

坪山豊
築地俊造

アジア伝統芸能の交流／昭和 53 年 11 月 12 日、南海日日新聞

龍山義光／昭和 54 年 3 月 27 日、南海日日新聞

と答えると、

「ちょっと歌ってごらん」

と、その場で歌うはめになった。

坪山は和美の声をひと節聞いて、

「太い声で、男みたいだ」

と思った。こんな声の唄者が奄美にいたら面白いことになると直感したので、

「奄美に縁があったら来いや」

と言った。

竹原の教室で三味線を弾いていたのが、龍山義光だった。龍山は阪急電車塚口駅前にあった「一龍」という中華料理店の店主で、名瀬の入舟町にも同じ名前の支店を出していた。龍山は竹原と同じ加計呂麻島の出身で、十七歳まで生まれ故郷の俵にいたが、それから沖縄に行き、昭和二十八年からは尼崎に住んでいた。

島唄に関しては大変な努力家で、一九七九年三月に第五回奄美民謡新人大会で優勝し、審査員から「練習の唄者」

というニックネームを頂戴したほどだった。反面、一升瓶を軽く空けるほどの酒豪で、よく先輩の唄者から酒は唄に悪いので控えるようにとたしなめられていた。

あるとき和美は、龍山から、

「坪山豊さんが名瀬にビルを建てていて、その一階に奄美ではじめての手打ちうどんのお店を出すつもりなので、店長として奄美に行く気はないか」

と尋ねられた。和美が給食センターに勤めていて、調理師免許を持っているということを知っての誘いである。

もし引き受けてくれるなら、引っ越し代を含めて開店に必要な一切の費用は自分が持つ、とまで言う。ようするに、雇われ店長になってくれというのである。

和美は島唄を本気で勉強する気になっていたし、そのためには奄美に戻るのが一番だと思っていた。なによりも坪山の家の下にある店ならば、島唄の勉強には願ってもない環境だろう。しかも、店舗をはじめすべてが準備されていて、あとはただ行けばいいというのである。尼崎にはすでに持ち家もあったが、迷いはなかった。渡りに船とばかりに引き受けた。

屋号は、築地が民謡日本一になったときに歌った「まんこい節」に「千客万来」を掛けて、「万《まん》来《こい》」と決められた。名付け親は龍山だった。

奄美に行くと決めたとき、一番時間がかかったのは、子供たちを説得することだった。手放しで喜んだのは夫だった。もともと島に帰りたくてたまらない人だったから、開店が決まると、龍山の仕事を手伝うという名目で自分の方が先に奄美に行ってしまった。

奄美に発つ前、転出届を出しに尼崎市役所に行くと、窓口の職員から、

「どこに行くの？」

と尋ねられた。

「奄美大島に帰ります」

と答えると、

「あのね、いま紬はどんどん下火になっているよ。これから不況になるっていうのに、どうしてそんなところに行くの？　尼崎だったら、いくらでも就職あるじゃない」

と真顔で聞かれた。

第四章　奄美島唄の昭和

東北民謡の隆盛

「さぞや師匠がお喜びでしょう」

民謡日本一になったとき、築地俊造は日本武道館で行われた記者会見で、記者団の一人からこう質問されて困惑した。

奄美の島唄には、ほかの日本民謡と違って流派がない。だから、師匠に相当するような人もいなかったのである。

もっとも、民謡がその名の通り「民の唄」であるとすれば、本来は師匠や流派がある方がおかしかった。では、なぜ日本の民謡には師匠や流派ができてしまったのか。

以下、民謡研究家、竹内勉の『日本の民謡』（昭和四十八年）に拠りながら、日本の民謡事情について少し説明しよう。

築地、日本武道館の記者会見場で（昭和 54 年）

「津軽山唄」、「江差追分」、「秋田馬方節」、「南部牛追い唄」、「南部木挽唄」、「さんさ時雨」、「新相馬節」といった日本でよく知られている民謡は、大半が東北民謡である。

竹内が昭和四十六年度と昭和四十七年度の国内の主要な五回のコンクールで、歌われた回数が多い五十曲を調べたところ、その七割が東北地方の民謡だったという。しかも東北民謡を歌った出場者の割合も七割に上った。

なぜ日本ではそれほど東北民謡が普及したのだろうか。

その理由として、竹内は東北民謡が七七七五調二十六文字という短くて歌いやすい「甚句」が中心であることをあげる。しかも歌い方は無伴奏のソロである。東北地方はまた他地域に比べて西洋化が遅れ、民謡が残り易かった。一方、西日本では歌は花柳界で専業化されたため、三味線歌が中心になった。しかも歌の主流は長編ものの「口説き」で、一般人が簡単に歌える歌ではない。

こうして大正期末から昭和初期にかけて、「江差追分」の後藤桃水、「相馬民謡」の堀之内秀之進、秋田民謡の小玉暁村、津軽民謡の成田雲竹など、東北は民謡の保存と継承に尽力する人々を輩出した。これらの人々はＮＨＫの放送局やレコード会社に自身の歌を売り込み、東北民謡の第一期黄金時代を確立した。

終戦後、今度はその流れを継いだ歌い手が、昭和二十一（一九四六）年から放送された「ＮＨＫ

のど自慢全国コンクール」の民謡の部に出場しはじめる。「のど自慢」の最初の二十二回までの日本一のうち、十四人が東北出身者であった。彼らはそのままプロの民謡歌手となって活躍し、東北民謡は第二の黄金時代を迎える。

東北人はまた、日本の近代化とともに多くが離農して、仕事を求めて上京するようになった。彼らは東北の玄関口である上野駅界隈に住むようになり、上野の周辺には東北関連の店が並んだ。昭和二十六、七年頃からは、生で民謡を歌って聞かせる「民謡酒場」が誕生し、昭和三十年代には空前のブームになった。歌い手はもちろん、従業員も東北出身のこうした酒場は、昭和五十年代にカラオケが浸透するまで首都圏の民謡ブームを支えた。

東北出身者たちは各地で東北県人会をつくり、それを母体に「のど自慢」の出場を目指す人々がさまざまな民謡愛好家の団体を結成するようになった。それらの団体は相互に団結して大規模な民謡大会を開催したが、やがて全国の愛好家もそこに加わり、「民謡といえば東北」という風潮が生まれてきたのである。

東北民謡はこうして舞台化し、芸謡化していった。それでも戦前の民謡歌手たちは、農業社会で生まれて実生活の中で歌ってきた人たちで、その歌にはまだ生活の匂いがあった。しかし一九七〇年代の民謡ブームを支えた歌手たちは、農村出身者は珍しいか、いても機械化された農村の出身で、もはや仕事唄が生きていた時代を知る人たちではなかった。

民謡の歌い手は師匠について歌を覚えたが、その師匠の大半は邦楽から転向した都会の三味線奏者や尺八奏者で、本当の民謡を知らず、教えるのはもっぱら美声と節回しの巧拙を競う歌ばかりだった。邦楽の世界では、師匠が一つの流派を代表し、弟子はその流派の歌を歌うのがふつうだったのである。

奄美島唄とは

一方、奄美島唄には流派がなかった。

島唄において重要なのは、流派ではなくシマである。シマウタは今日では漢字で「島唄」と書かれることが多いが、シマの本来の意味は「島」ではなくテリトリーのシマ、ヤクザの「ウチのシマ荒らすんじゃねぇ」のシマである。シマウタとは「集落の唄」なのである。

もっと言えば、いまのシマウタはシマでは単に「ウタ」と呼ばれていた。当時はそれ以外に歌がなかったのだから仕方がない。やがてほかの歌が入って来ると、区別をする必要からシマウタと呼ばれ、「島唄」や「奄美民謡」と表記されるようになった。島ではただの「野菜」だったものが、「島野菜」と呼ばれるようになったのと同じである。

島唄は集落の中で代々伝えられてきたワキャシマ（自分たちの集落）の唄で、ヨソジマ（ほかの集落）の唄とは違う。どれほど違うかは別として、島唄の伝承を支えているのは、この「違い」にもとづく「シマ意識」なのである。

奄美では言葉や文化を考えるとき、シマ単位で考える慣習がある。唄者を紹介するときも、最初に集落の名前を付けて、たとえば築地なら、「笠利町川上の唄者」と呼ぶ。築地が川上の唄の継承者であるかは別として、そう呼ぶ習慣なのである。

シマの唄を伝えるのは集落の「歌遊び」である。歌遊びとは文字通り、集落の何人かの人が集まって、歌って遊ぶことである。昔は集落で「遊び」といえば、歌遊びを意味した。娯楽が少ない中、歌いながら仲間で楽しむのが遊びの定番だったのである。

歌遊びと言っても、今日のカラオケのような遊びではない。それは、むしろ歌による〝会話〟と言った方がいい。そこでは、いわゆる歌の上手下手よりは、言葉を交わすように、歌詞を掛け合うことが重要なのである。

今日の常識では、歌には固定した歌詞があるのが当たり前である。けれども、島唄にはこの曲にはこの歌詞というように固定した歌詞はない。

もちろん、島唄にも「かんつめ節」や「花染め節」というように固定した曲名があり、そうした唄には曲名の由来となった定番の歌詞があるのがふつうである。そういう定番の歌詞はその曲だけで歌うのが習慣だが、大半の島唄の歌詞は、ほかの曲でも歌うことができる。

ただし、その場合、歌詞のパターンは合っていなければならない。島唄の歌詞でもっとも多いのは、本土の近世小唄調の七七七五の影響を受けたと言われる八八八六の琉歌調であるが、その形式を基調とした曲であれば、琉歌調のいろいろな歌詞で延々と歌い継ぐことができるのである。もっとも、島唄の代表的な名曲の一つである「朝花節」をはじめとして、こうした定型に収まらない歌詞を持つ曲も少なくない。

島唄の曲目と歌詞の数はよく「百曲三千首」と言われる。本当にそれほどあるのかはともかく、昔から歌い継がれている歌詞が数多く残っている。歌遊びは歌詞の掛け合いなので、そうした歌詞をたくさん知っていることが重要になる。奄美では歌詞を「ネンゴ」と言い、歌詞をたくさん知っている人は「ネンゴシャ」と呼ばれて尊敬されたが、声だけいい人は「クイシャ」と呼ばれて軽んじられたという。重要なのは、上手に歌うことより、上手に歌詞を出し合うことなのである。

歌詞の掛け合いは、たとえば「タバコ流れ」と呼ばれる唄では、こんな風に行われる。

まき散らし落とし　タバコ草だねや　　まき散らしたタバコの種から
青葉さきじらに　とめて見ちゃが　　青い芽が出たのを　見つけた
青葉さきじらに　とめて見ちゃるタバコ　　青い芽が出たのを　見つけたタバコから
五葉さきじらに　手とて見ちゃが　　五枚の新葉が出た　それを摘み取ったが
五葉さきじらに　手とて見ちゃるタバコ　　五枚の新葉が出て　手に取ったタバコの
糸なわの目かず　ぬちゃるきょらさ　　絹縄の目ごとに差した　その美しさ

誰かが右の歌詞の二行の八八八六の文句を歌うと、別の人が次の八八八六の文句を返す。そのとき、前の人が歌った下の句の八六の歌詞を繰り返してから、新しい歌詞を付け加える。それが延々と続く。こうした形式の唄を「流れ」という。

一方、特定の形式を持たず、その場に合わせて歌詞を選んで掛け合う「アブシならべ」という方法もある。「流れ」も「アブシならべ」も、どちらの場合も、歌詞は即興でつくることもあれば、数ある歌詞の中から選んで歌うこともある。

十九世紀半ばに、薩摩藩の藩士であった名越左源太がまとめた『南島雑話』には、「掛け歌」という遊びに関する記述があり、その遊びは、

「歌は即興でつくって素早く返すのがよく、もたもたしていると負けになる」

というルールであったという。つまり、歌の掛け合いはまた競技でもあったのである。

島の民衆の大半は、学校教育がはじまるまで文字の読み書きができなかった。したがって、島唄は歌遊びの場で「口承」で伝えられた。口承の世界では、今日のように文字を頼りにするわけにはいかないので、よく聞き取れない言葉があっても、

「それはどう書くのですか」

という問いはあり得ない。唄は聞こえるままを耳で覚えた。その結果、一つの唄にさまざまなバージョンができることになった。それは節と歌詞の両面でそうだった。

『南島雑話』より「掛哥ノ図」／
提供　奄美市立奄美博物館

こうして島唄は節も歌詞も多様になり、同じ曲でも歌う人や歌詞集によってさまざまな違いが生じた。さらに、シマグチには決まった表記法がないので、歌詞の書き方も多様になった。たとえば、シマグチのニュアンスを出したいときには、ある人は「てぃ」と書き、別の人はただ「て」と書いた。

もっとも、シマグチをまったく知らなければ、「てぃ」と書いたところで正しい発音はできない。口承で伝えられてきた島唄は、結局口承でしかニュアンスが伝わらないものなのである。そのシマグチもまた集落によって微妙に、あるいはときに大きく変わり、簡単にどれが正しいとか、どれが間違えていると言うことはできない。

島唄を支える「シマ意識」はこうした多様性の産物だったのである。

しかしながら、築地が歌いはじめた頃は、島唄の伝統はすでにずいぶんと変わっていた。築地は出身こそ笠利町川上だったが、シマの伝統を背負った唄者ではなかった。築地が島唄を学んだのは、川上の歌遊びの中ではなく、名瀬のセントラル楽器が一九七一年にはじめた三味線教室である。しかも、その教室の指導者だったのは、福島幸義という瀬戸内町諸数出身のヒギャ唄の唄者だった。

その後、築地は「奄美民謡新人大会」というコンクールに出場して優勝するが、そのときに指導を仰いだのは伊集院リキという笠利町用出身のカサン唄の唄者である。さらにコンクール後に師事したのは、南部の宇検村生勝の出身の坪山豊であった。その坪山もシマの唄にはこだわらず、

「人の唄のマネばかりしないで、早く自分の唄をつくれ」

が口癖だった。

築地が武道館の記者会見で、

「師匠がお喜びでしょう」

と聞かれて困惑したのも、無理はなかったのである。

島唄レコード

島と本土の民謡のあいだには、ほかにもさまざまな違いがあった。

本土で民謡を歌う人は、必ずしも地元の歌を歌うわけではない。とくに東北民謡が民謡の代名詞になってからは、民謡は歌い手が住んでいる地域と関係なく歌われるのがふつうであった。たとえば、全九州・中国民謡選手権大会というような大会でも、北九州の歌い手が「相馬盆唄」を歌ったり、大分の歌い手が「津軽木挽唄」を歌ったりするのは当たり前のことだった。民謡は本土ではジャズやクラシックと同様に単なる音楽上のジャンルで、自分の住む土地や人とは関係のないものになっていたのである。

奄美の場合、事情はまったく異なっていた。奄美で民謡を歌うといえば、それは奄美民謡以外にあり得なかった。しかも、多くの場合、それは自分の出身集落、すなわちワキャシマの唄であった。もちろん、完全に自分のシマの唄ではなくても、少なくとも北部出身の唄者が南部のヒギャ節を歌うということはほぼなかった。

しかし、築地の場合は、シマで唄を覚えなかったので、本当の意味でのシマの唄を持っていなかった。しかも師事したのは、坪山豊という南部の唄者であった。

シマの唄を持たず、北部出身でありながら南部の唄を学び覚えた唄者。それが築地だったのである。が、その後築地のような唄者は珍しくなくなる。

トンボ印
マイクロホン
吹込音譜
TOMBO
ELECTRIC
RECORD
TOMBO
K-9 < A B

奄美大島民謡

唄 大島一番 中山音女孃
音附 蛇皮線
（大島郡宇検村湯湾 山キ商店専賣）

クルダンド

一、相談かかて英國《イギリス》オランダが　朝帝様かち相談かかて
二、大島や焼内宇検港借らちたぼれ
三、軍艦のかゝて芦検沖から田検前がで軍艦かゝて
四、其れ見りが今里志戸勘名音　戸円人や其り見りが

カンツメの唄

一、カンツメや名柄、岩戯や真久慈　一越路へだめて、思の箸さ
二、カンツメ姉がヌキ玉ハキ玉中桂竿に下げて置けば　岩戯役目が見ゆたろやんモンド

トンボ印ニツオンレコードハ一分間七十八回轉

中山音女のレコードの歌詞カード／
奄美シマ唄音源研究所『とびら』より

この傾向を助長したのは、レコードやテープの登場だった。

奄美島唄のレコードの歴史は古く、最初のレコードは大正末期に遡るが、よく知られているのは、昭和四年（一九二九）に宇検村湯湾にあった山木彦熊商店が制作した宇検村湯湾の唄者、中山音女のレコードである。録音は東京で行われたというが、詳細は不明である。明治二十四年生まれの中山は、島では有名でファンも多く、加計呂麻島生まれのロシア文学者、昇曙夢も愛聴していた。

同じ昭和四年には、宇検村芦検出身の唄者、坂元豊蔵のレコードも制作された。録音はキングレコード、発売元は名瀬の百貨店「萬年堂」だった。

坂元は二十四歳のときに東京警視庁巡査の試験を受けて合格し、以来ずっと東京在住だったから、島で歌う機会はあまりなかったが、メディアに出るのは早く、はじめて奄美島唄をＮＨＫのラジオ放送の電波に乗せたのも坂元だった。昭和三年（一九二八）のことである。

NHKのラジオ放送で島唄が流れることはその後もたびたびあり、たとえば昭和十一年には大野たけ、築島いく、豊富熊が、児玉實利の三味線で「朝花はやり節」、「俊良主節」、「かんつめ節」、「東日の春かな節」の四曲を歌い、鹿児島の放送局から放送されている。このときは伴奏楽器として尺八が登場した。

尺八と島唄は今日ではほとんど共演することはないが、ひと昔前は定番の組み合わせであった。戦後、島唄再興に尽力した池野無風（本名、池野秀）は、琴古流尺八と正調追分の教授であったし、郷土史家の寺師忠夫によれば、隆信義という尺八奏者も島唄を味わい深く演奏したという。唄者の豊田（のち森山）ゆり子が、昭和五十五年（一九八〇）に全九州民謡選手権大会への出場が決まったとき、「尺八と島唄の夕」と題して激励会を開いた龍郷町浦の尺八奏者、久保けん生も島唄演奏の名人であった。

島で本格的に島唄レコードの制作がはじまるのは戦後である。先陣を切ったのは名瀬の「徳山商店」で、昭和二十六年（一九五一）にマーキュリーレコードに委託して、上村藤枝と南政五郎のレコードを制作した。このレコードはアメリカ統治時代の通貨で一枚百B円と高価だったためあまり売れなかった。なにしろ、男性の一般労務者が一日八時間働いて、日当十B円という時代である。

昭和三十年代に入ると、名瀬の「セントラル楽器」が島唄レコードの制作をはじめる。セントラル楽器は指宿良彦が昭和二十四年（一九四九）に設立した楽器店だった。

指宿の回顧録『大人青年』によれば、島唄レコードの制作を思い立ったのは、指宿の父方の祖母が毎日歌っていた「亀津朝花節」を再現したいという思いからだったという。

セントラル楽器の店舗（昭和28年）／指宿良彦『大人青年』より

指宿が手がけた最初の島唄録音は、昭和三十一年（一九五六）の瀬戸内町諸数出身の福島幸義と瀬戸内町花富出身の朝崎郁恵が歌う「かんつめ節」、「徳之島ちゅっきゃり節」、「塩道長浜節」のSPレコードだったが、島で録音した音源は周囲の雑音が混入していて使えず、西宮のマーキュリーレコードのスタジオで録音し直したという。

セントラル楽器の島唄レコードの制作が軌道に乗りはじめるのは、昭和三十七年（一九六二）に、新進唄者の武下和平の島唄を録音してからである。このレコードは、その後の奄美島唄の歴史を塗り変えるほどの大きな影響力を持った。

武下和平の登場

武下和平は昭和八年（一九三三）加計呂麻島の諸数の生まれ。子供の頃から父親の三味線を見よう見まねで弾いていた武下は、父親から、

「おまえの三味線、もの言うとるじゃないか」

と言われたのを機に、ますます練習に力を入れるようになったという。

その後、引っ越した先の隣に、父親の従弟の福島幸義がいた。福島は唄者として知られていたが、

関西磯部流の詩吟も習っており、武下にも教えるようになった。やがて詩吟の生徒に集落の児童会の子供たちも加わるようになると、福島は島唄も教えるようになる。

武下は中学生になる頃には、福島の囃子として敬老会や新築祝いの席で歌うようになっていた。中学を卒業すると大工の見習いになった。その後修業で沖縄に行き、昭和二十八年（一九五三）の奄美の本土復帰を機に島に戻った。古仁屋で大工をしながら、地鎮祭や棟上げ式や新築祝いのときに祝い唄を歌い、そのうまさが評判になった。

武下の人生を変えたのは、山田米三との出会いだった。

山田は名瀬の入舟町の観光土産店「ニューグランド」（一九九三年に閉店）の経営者だった。明治四十五年（一九一二）、宇検村湯湾に生まれた山田は、戦争で大ケガをしたのち、本土やアメリカでの暮らしを経て、昭和二十五年（一九五〇）夏に奄美に戻り、島唄の録音に没頭した。

山田米三（昭和 45 年）

本土暮らしが長かった山田には、奄美では当たり前に残っている島唄が、いかに貴重ではかないものであるかがわかっていた。それが消え去る前に記録に残さねばと思ったのである。

山田は通称「デンスケ」と呼ばれる、ずっしりと重いソニーのテープレコーダーを肩に担いで、評判の唄者の唄を録音するために方々の集落を徒歩で訪ね歩いた。まだ自動車が簡単に手に入らない時代である。

そのうち行く先々で、

「武下和平というすごい唄者がいる」

という評判を耳にするようになった。どんな唄者なのかと気になったが、会う機会はなかった。

昭和三十四年、名瀬の病院に入院していた知人の見舞いに行ったとき、横のベッドに寝ていた赤ん坊の父親が瀬戸内なまりで話しているのを聞いて、

「武下という唄者を知りませんか」

と尋ねたところ、思いがけず、

「私です」

という返事。武下は生後まもない次女が耳の病気で入院したので、ちょうど見舞いに来ていたところだったのである。

はじめて武下の唄を聴いた山田は、背筋が寒くなるほどの感動を覚える。山田は武下を島の有力者に紹介する一方、名瀬の大正寺で武下の出演する唄会を開催し、その歌声を録音したテープを、自分の土産物屋の店先に大音量で流した。横には、

「百年に一人の唄者　武下和平」

という看板まで立てた。店は街から港に向かう道の途中にあったので、足を止めて聞き入る人も多かった。

昭和三十六年（一九六一）、奄美島唄は東京の日本青年館で開催された「第十六回文部省芸術祭

主催公演・第十二回全国民俗芸能大会」に取り上げられる。元田弥三郎や川畑清が文部省に掛け合い、太原俊成や上村藤枝が文部省の担当者の前で歌った努力が、ようやく実を結んだのである。島では出場者を決めるための予選会が開かれ、武下はその出演者に選ばれた。ほかの出演者は、池野無風、石原豊亮、坂元豊蔵、作田秀光、南政五郎、伊集院リキ、上村藤枝、森チエ、それに佐仁の八月踊りの面々だった。一行は東京での公演のあとも、名古屋、大阪、鹿児島で一カ月間公演を行い、帰島後も名瀬と古仁屋で凱旋公演を行った。

全国民俗芸能大会（昭和 36 年）の出演者／前列左から武下和平、森チエ、二人おいて上村藤枝、伊集院リキ、後列左から福島幸義、作田秀光、坂元豊蔵、南政五郎、池野無風／月刊『みんよう文化』昭和 57 年 5 月号より

翌昭和三十七年（一九六二）、武下はセントラル楽器ではじめての島唄の録音をする。収録のとき、山田は細かく演奏をチェックして、さまざまな指示を出した。

このとき録音された歌唱は、最初は武下の個人アルバムという形をとらずに、「奄美大島民謡曲集」というタイトルの全四集のシリーズに分散して収録され、その年の二月に発売された。

四枚の「奄美大島民謡曲集」に共通していたのは、A面が新民謡、B面が島唄という形式である。A面に収録されたのは村田実夫や宝井充美の歌で、B面は大半が武下の歌だった。武下の歌だけを集めたレコードが、『武下和平傑作集』というタイトルで発売される

『武下和平傑作集 第１集』（昭和 37年）のジャケット／セントラル楽器

のは、五カ月後の昭和三十七年（一九六二）年七月である。

新民謡と古典民謡を一緒にして「奄美大島民謡」と呼ぶ方針は、指宿のレコード制作の初期から一貫していたが、新民謡がA面であることは、この時代にセントラル楽器が力を入れていたのが、島唄よりも新民謡であることを示していた。

しかし、『武下和平傑作集』が二枚のアルバムとなって発売されると、その影響は奄美群島はもとより、大阪や東京にも及んだ。〝武下節〟はヒギャ唄やカサン唄といった従来の島唄の垣根を越えて広がり、その歌い方を模倣する人が急増した。

奄美の島唄と新民謡

昭和三十年代の奄美では、「民謡」といえば、島唄ではなく新民謡のことだった。セントラル楽器でも多くの新民謡の録音が行われた。

昭和三十四年（一九五九）には、その年に名瀬で行われたのど自慢大会で優勝した宝井充美の「島育ち」、「大島小唄」、「奄美小唄」などの録音が行われた。宝井はまだ中学を卒業したばかりの少女だったが、のちにデビューして大島ひろみの名で知られることになる。

昭和三十五（一九六〇）年には、村田実夫の歌で「本茶峠」、「徳之島小唄」、「新北風吹けば」、「夜明け舟」などが録音され、翌年（一九六一）は、「遺族会館」建設の資金を捻出するため、村田と沖島（のち久永）美智子が半年間、奄美群島全域を巡業して回った。

昭和三十七年（一九六二）、三年前に大島ひろみが録音した「島育ち」が、思わぬ形で反響を呼ぶことになった。

赤い蘇鉄の　実も熟れる頃
加那も年頃　加那も年頃
大島育ち

昭和十四年に有川邦彦の作詞、三界稔の作曲で生まれたこの曲は、たまたま新橋の沖縄料理店で食事をしていた歌手の田端義夫の耳にとまる。流れていたのは、大島ひろみの歌だった。曲に惚れ込んだ田端は、周囲の反対を押し切ってこの曲をレコーディングし、ほどなく大ヒットとなった。

自社の録音をきっかけに生まれたヒット曲に、指宿は興奮した。セントラル楽器は南海日日新聞社と協力して、昭和三十八年（一九六三）三月から四月にかけて、大島と徳之島で「田端義夫ショー」を開催する。当時の奄美には大人数の観客を収容できる施設はなく、大島高校、亀津中学校、天城中学校の講堂を会場にしての公演だった。

「島育ち」のヒットは、大島の音楽文化全体を活気づけた。同年五月十九日には、南海日日新聞社が主催した最初の民謡大会として、「第一回奄美大島民謡大会」が開催された。会場は大島高校

田端義夫ショー（昭和 38 年）／指宿良彦『大人青年』より

講堂だった。

プログラムは、第一部が新民謡、第二部が島唄と、「奄美大島民謡曲集」と同様のコンセプトで構成された。第一部には村田実夫や沖島美智子が出演し、第二部には、南政五郎、吉永武英、植田（のち伊集院）リキ、森沢信弘、石原豊亮、山田哲三、山田武丸、嶺直則、児玉信義、本田和子、池野無風、武下和平、森チエという当時の代表的な島の唄者が勢ぞろいした。

これを皮切りに奄美では「民謡大会」という名の催しが増えていくが、新民謡と島唄を抱き合わせて開催したのはこのときだけで、これ以後は「民謡大会」といえば島唄のみの大会になる。

それまでは島唄といえば、祝いの席や内輪の宴席に唄者を招いて聞くという形が一般的だったので、これは大きな変化だった。

新民謡ブームに沸いた昭和三十八年（一九六三）の紅白歌合戦には、田端の「島育ち」をはじめ、仲宗根美樹の「奄美恋しや」、朝丘雪路の「永良部百合の花」、三沢あけみの「島のブルース」と奄美関連の歌が四曲も登場した。歌謡曲の世界は空前の奄美ブームだったのである。

しかし、新民謡が盛り上がりを見せる一方で、「島育ち」がブームになるのはいいが、それが「奄

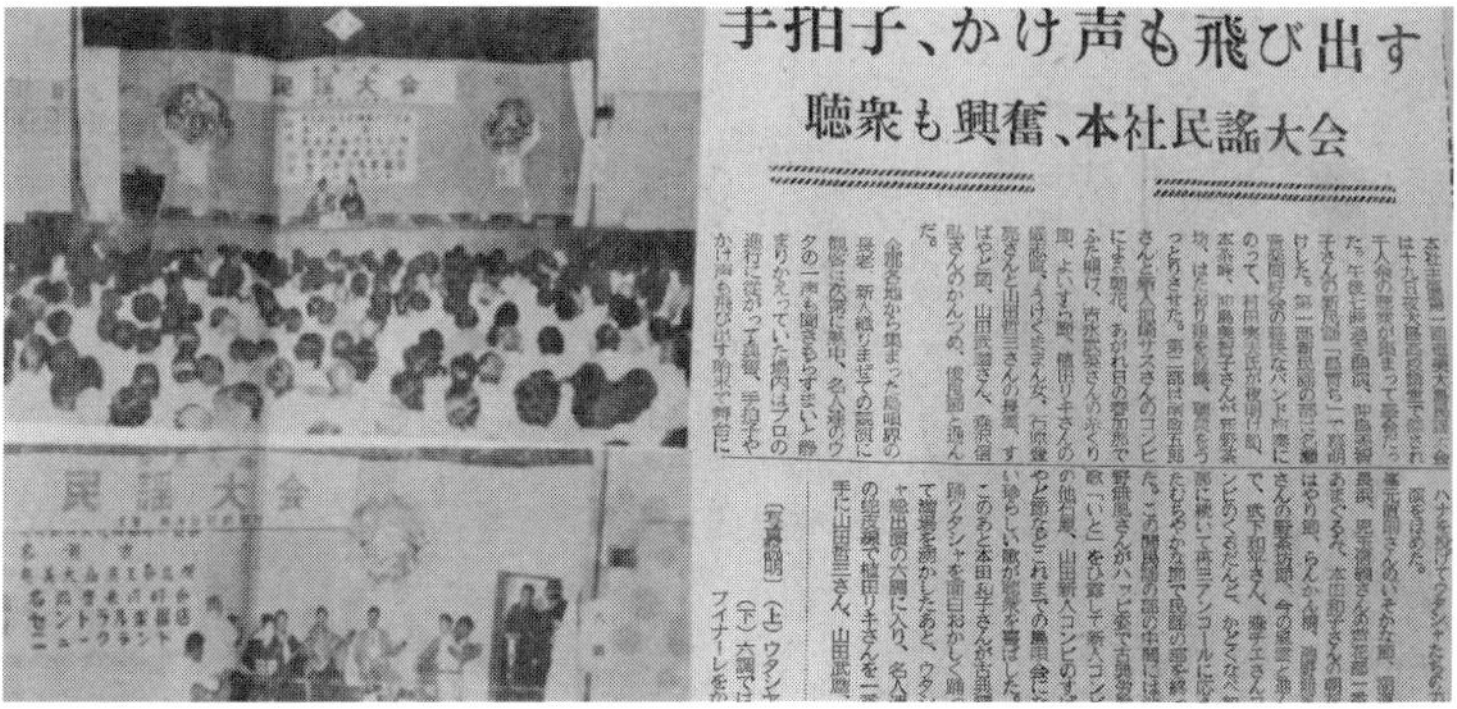
手拍子、かけ声も飛び出す
聴衆も興奮、本社民謡大会

第 1 回奄美大島民謡大会／昭和 38 年 5 月 21 日、南海日日新聞

美の民謡」だと思われるのは困るという声が、とくに島唄関係者から聞こえてくるようになった。

昭和三十八年（一九六三）九月には、セントラル楽器が「かんつめ節」を新民謡に改作して売り出そうとしたところ、奄美民謡保存会から善処するように要望が出されるという出来事も起きた。

同じ曲名だと混乱が生じて原曲がかすみかねないということだったのだろうが、当時の新民謡と島唄の関係を示していて興味深い。

新民謡の勢いに押されがちな島唄であったが、徐々に島唄にも追い風が吹きはじめる。

翌昭和三十九年（一九六四）十一月に開催された南海日日主催の第二回奄美民謡大会は、第一回を上回り、喜界島を除く全島から十九人が出場するという大規模なものとなった。舞台には戦前に島唄のレコードを録音した七十三歳の中山音女も登場し、南海日日には、

「健在オトジョおばあさん」

の文字が躍った。

レコード界の奄美ブーム
今年も続きそう
意欲的な〝島もの歌手〟

昭和 38 年の奄美ブーム／昭和 39 年 1 月 1 日、南海日日新聞

離島の唄にも拍手
健在オトジョおばあさん
賑わった本社民謡大会

第 2 回奄美民謡大会／昭和 39 年 11 月 25 日、南海日日新聞

小川学夫の来島

昭和三十六年（一九六一）、日本青年館で行われた第十二回全国民俗芸能大会における奄美民謡の公演は、会場にいた一人の青年の人生を変えることになる。その青年とは、当時早稲田大学文学部演劇科に在籍していた小川学夫である。小川は奄美の民謡を聞いて、

「こんな音楽がまだ日本にあったのか」

という驚きに近い感情を覚える。

北海道北見市出身で、地元の留辺蘂《るべしべ》高校からシナリオライターを目指して上京した小川にとって、

それは故郷の北海道では耳にしたことがない、日本の太古の響きであった。

それまで浪花節は好きだったが、民謡にとくに興味があるわけではなかったこの青年は、この公演をきっかけに奄美民謡の研究を志して大学院に進むことになる。

入学時には、一年目は文献調査、二年目は奄美でのフィールドワーク、三年目は修士論文の執筆と見当をつけていた。予定通りにいけば、修士課程は三年で終えるはずだった。

一年目の昭和三十八年（一九六三）十一月、小川ははじめて奄美大島を訪れる。

同行者は、のちに文化人類学者として一家をなす西江雅之だった。奄美行きに積極的だったのは西江の方で、小川はこの同行者に半分尻を押されるようにやって来たのである。

第 12 回全国民俗芸能大会のパンフレット（昭和 36 年）

二人は十日ほどの滞在期間中、諸鈍芝居を見物するなど島の各地を訪れた。小川はセントラル楽器の指宿良彦に直接頼み込んで、翌年四月から同社に住み込みで島唄を研究する許可をもらう。指宿を紹介してくれたのは、南海日日新聞社社長の村山家國だった。村山にコンタクトを取ってくれたのは、東京で知り合った南海日日の記者である。

指宿は、それまで大学院生など雇ったことがなかったので、一度は断ったが、

「給料はいりません。使ってください」

と小川から食い下がられて、やむなく承諾したのである。

とはいえ、その年は田端義夫のコンサートなど新民謡にばかり関わって、そろそろ本格的な島唄レコードの制作に取り組みたいと考えていた矢先だったので、小川の申し出はむしろ渡りに船であった。

昭和三十九年（一九六四）、小川がセントラル楽器で働きはじめると、指宿はさっそく社内に「奄美民謡研究所」を開設し、こんな新聞広告を掲載する。

「昨年中は奄美の新民謡に明け暮れ致しましたが、今年は奄美の古典物を出すべく頑張っております。（……）なお四月から「奄美民謡研究所」を開設し、今後はテープ収録、文献出版などをも致します。五月十一日。指宿良彦、小川学夫」

島唄研究という目的で、わざわざ東京から来た青年を前にして、指宿は張り切っていた。夜を徹して島唄のことを質問する小川の相手をするために、会社に二段ベッドまで買い入れた。

小川は島に来て二カ月も経たないうちに、武下の唄に囃子をつけられるほど島唄に詳しくなった。それまで古仁屋で大工をしていた武下は、千代田生命の保険外交員に転職し、古仁屋から名瀬に引っ越していたのである。小川は月五千円の下宿代で、商品の荷造りから配達、集金と何でもこなし、指宿から絶大な信頼を寄せられるようになった。

一年後の翌昭和四十年（一九六五）、小川はいったん東京に帰ったが、セントラル楽器が制作中の『徳之島民謡傑作集』の手伝いをするために、何度も島に戻ってきた。指宿はもともと祖母が歌った「亀津朝花節」を再現することを目的に島唄レコードの制作に乗り出したこともあって、このレコードへの思い入れは格別であった。

小川もその制作を手伝ううちに、徳之島民謡に関心を抱くようになった。

翌昭和四十一年（一九六六）七月、小川は徳之島の亀津への移住を決意する。最初の予定ではすでに提出しているはずだった修士論文がいっこうにまとまらなかったので、何度も東京と奄美を往復するよりは、現地で調査に没頭する方がいいと考えたのである。

幸い亀津に住む指宿の姉夫婦からも誘いがあり、前年に知り合った教育委員会指導主事の松山光秀からも、

「公民館に職を準備するから」

という話があったので、安心していた。

ところが、いざ徳之島に行ってみると、事情はまったく変わっていた。原因はその前にあった町長選である。松山の兄が応援していた候補が落選し、現職の町長が再選されたので、松山が教育委員会から公民館の用具科に降格になり、小川の就職の話もなくなってしまったのである。

仕方なく、英語塾を開いて生活の糧を稼ぐことにした。

大島にいたときに聞いていた評判は、「徳之島には唄がない」ということであった。しかし、現地に来てみると大島以上に生活に根づいた唄がたくさんあり、それまで未開拓であった分、多くの発見が期待できた。

松山が運転する百二十ＣＣのオートバイの後部座席に乗せてもらい、毎晩のように島唄の調査に出かけた。当時はまだ、各集落に島唄に詳しい老人が何人もいて、教えを請う人を探すのには苦労

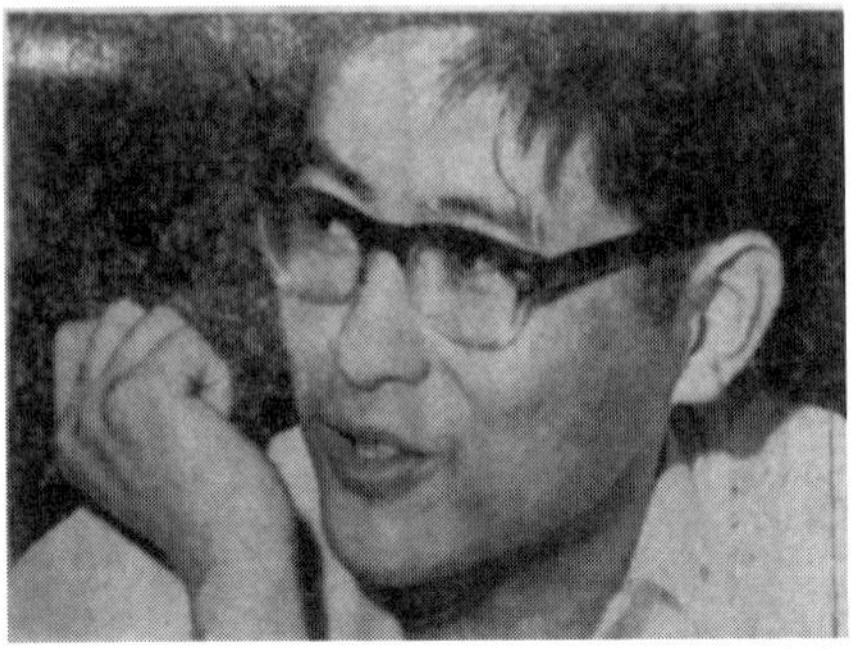
31歳の小川学夫／昭和46年5月15日、南海日日新聞

しなかった。

徳之島での調査の最大の収穫の一つは、「クチ」の世界を知ったことだった。クチとは「呪《まじな》い」、「呪詞」のことである。呪いには、良いものと悪いものがある。良いクチは素朴な願いごとの類だが、悪いクチは人に危害を及ぼすものがある。ヨソジマに行くときには、悪いクチをかけられる恐れがあるので、クチから身を守るために歌う唄がある。母間《ぼま》に住む老人から教わったのは、「蟹口説」という短い唄であった。

「川ぬ蟹くゎぬ　物取てかみや　一ち二ち三ち四ち五ち六ち七ち八っちや九つ十」

川蟹が物を食べている、一つ二つ……、というたわいもない唄だが、これがクチの効力を断ち切る唄なのだという。

悪いクチの中でもっとも危険なものに、人に死をもたらすサカウタという唄があるということも知った。恐ろしい唄なので、実際に聞き出すまでには一苦労があった。

調べれば調べるほど、徳之島の唄には島唄の原点ともいえる強い言霊信仰が感じられ、北海道育ちの小川にとっては驚くことばかりだった。

小川は昭和四十三年（一九六八）に大島の大和村出身の女性と結婚し、昭和四十五（一九七〇）年にようやく修士論文を提出する。最初は三年で書けると思っていた修士論文は、一年の休学期間を挟んで五年もかかった。

論文の提出で徳之島で生活した目的の一つは達せられたが、同時に今後のことも考えなければならなくなった。島が気に入っていたので、このまま徳之島にいてもいいと思っていたが、名瀬の指宿から、

「戻ってこい」

という声がかかった。その声は徳之島に来たときから折あるごとに届いていたが、聞こえない振りをしていたのである。論文を提出したいま、さすがにそんな真似はできなくなった。妻と相談して、名瀬に戻ってセントラル楽器に復職することにした。

島唄教室

翌昭和四十六年（一九七一）四月、小川が六年ぶりに戻った大島の島唄界には新しい風が吹いていた。

まず島唄教室である。島唄を習いたいという声は以前からあったが、この年ようやく中央公民館に「島歌学級」が開講されたのである。同年三月十四日の南海日日は「若者に〝奄美の歌〟を――〝歌者〟を育てる」という見出しで、こう伝えている。

「奄美は民謡の宝庫で、節まわし百曲、歌詞三千が現在も残っている。(……)ところが、〝歌者〟呼ばれる民謡の歌い手は、ほとんど四十歳以上の中高年層。二、三十歳代にはほとんどいない。(……)

各種の催しや宴席で島歌が出ても、若い人たちはついていけず「正式に習う機会をつくってほしい」との要望が強かった」

二カ月後の五月十六日、南海日日は「ニュースと人」というコーナーで、島歌学級の講師であった吉永武英を紹介して、こう続報する。

「社会教育の一環として新設した島歌学級は、当初の募集定員三十人に対して二倍を上回る七十三人の応募でうれしい悲鳴。二学級を編成してスタートした。講師は吉永さんと福島幸義さん(六三)の二人。「しろうとばかりで教えるのに苦労するが、若い人たちが島歌にこんなにも関心をいだいてくれたかと思うとうれしくなり、教えるのが楽しい」」

吉永は昭和四年、宇検村屋鈍の出身で、当時四十二歳。唄者の父、武一郎に仕込まれて、小学校のときから歌いはじめた。いったん本土に出て、戦後帰郷したが、青年時代には南政五郎や嶺直則や竹原由和子など、島を巡回する唄者たちをよく聞きに行ったという。

嶺とは名瀬矢之脇町に住んでいたときに隣同士だったので、一緒に歌うようになり、嶺の薦めで昭和二十六年(一九五一)の民謡大会に出演して唄者として知られるようになった。

上村藤枝や、当時の島の代表的な女性唄者であった豊田トミと同い年で、とくに豊田とはよくコンビを組んで歌った。昭和四十三年(一九六八)に池野無風から奄美大島民謡保存協会の会長を引き継ぎ、有名無実の状態にあった協会の立て直しに努めていた。

武下が仕事の都合で昭和四十二年(一九六七)から沖永良部に行っていて、ヒギャ唄の唄者が不在だったので、セントラル楽器は前年の昭和四十五年に『吉永武英傑作集』を制作して、武下に続く新しいスターとして吉永を売り出そうと力を入れていた。

同社はまた、公民館教室の開設と時期を同じくして、福島幸義と吉永武英を講師に「三味線教室」を開設した。

徳之島から戻った小川もこの教室の生徒として登録したが、研究と実践の両立はむずかしく、三味線の方はやめてしまった。

同じ頃、築地俊造も福島の教室に登録したが、そのうち生徒が築地一人になってしまい、福島から、

「あんたは笠利の人だから、カサン唄を学びなさい」

と言われて、途中で教室をやめた。

福島は昭和四十九年（一九七四）一月に、中央公民館で行われた「新春民謡大会」で「朝花節」を歌っている最中に気分が悪くなり、自ら舞台を降りてそのまま病院に運ばれたが、二日後に脳溢血で亡

M46.3.14
若者に〝奄美の歌〟を—
〝歌者〟を育てる
社会教育の一環に
文化財保存にも一役
「島歌学級」作る
名瀬

島歌学級はじまる／昭和 46 年 3 月 14 日、南海日日新聞

『吉永武英傑作集』（昭和 45 年）のジャケット／セントラル楽器

福島幸義／セントラル楽器カレンダー（平成7年）

くなった。葬儀では、吉永が棺の前で「行きょれ節」を歌った。

その吉永もまた、自分の教室や公民館教室、それにセントラルの教室の講師と多忙な生活を続けて体調を崩し、昭和五十一年（一九七六）には胃と十二指腸潰瘍の手術を受けて数年間教室を休み、舞台からも遠ざかった。

しかし、若い世代に島唄をつなぎたいという思いから設けられた島唄教室が、ともかくも盛況であったことは、島唄の将来にとって明るい兆しだった。

実況録音・奄美民謡大会

昭和四十七年（一九七二）、セントラル楽器は民謡大会のライブ録音を企画する。それまでは、録音時のわずかなミスや雑音も許さなかった指宿だったが、本土のレコード業界でライブ盤がブームになっていたので、同じことを島唄でも試してみたくなったのである。

こうして九月十八日から二十日までの三日間「実況録音・奄美民謡大会」が開催された。

出場者として選ばれたのは、それまでレコードを録音したことがない若手からベテランまでの実力者だったが、ほとんどが民謡大会などでおなじみの唄者であった。が、そのなかに一人だけ、まったくの無名の新人がいた。それが坪山豊だった。

坪山は名瀬港町に工場を持つ舟大工だった。彼を出演させようと考えたのは、南海日日の中村喬次という記者だった。

中村は坪山の従弟で、母親から折にふれて、坪山が小学三年生の学芸会で歌った「よいすら節」がいかに素晴らしかったかという話を聞いていた。会場の大人をすすり泣かせるほどの歌で、坪山が将来立派な唄者になることを確信したという。

しかし坪山は唄者の道は進まなかった。理由の一つは父親である。父は宇検村生勝で唄者として知られていたが、それで母に苦労をかけることもあったらしく、母は島唄を遊び人の道楽と嫌っていた。

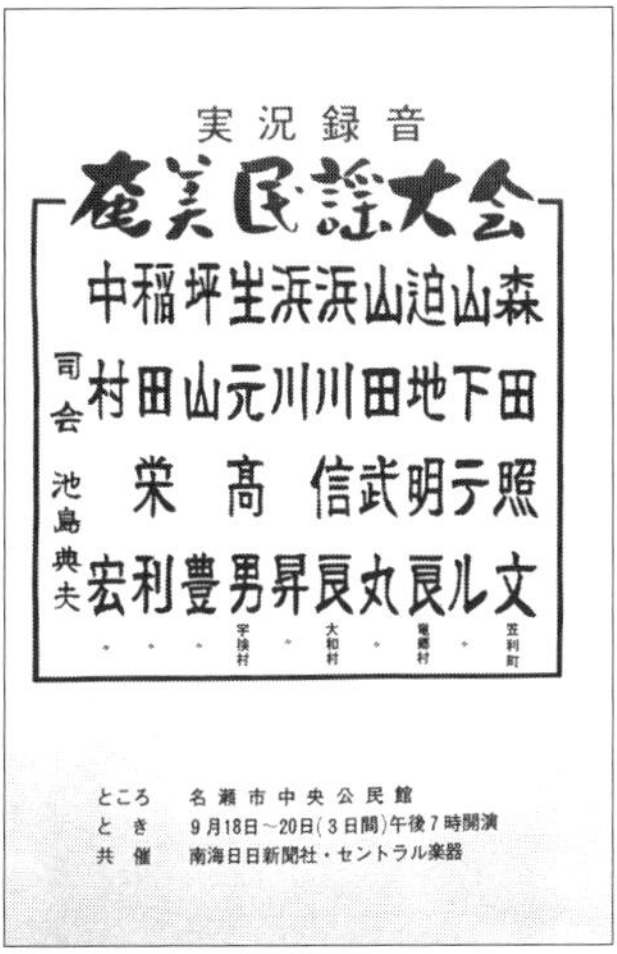

「実況録音・奄美民謡大会」(昭和47年)のパンフレット

父は坪山が六歳のときにトラック諸島の水曜島で戦死したので、その唄はほとんど記憶になかった。ただ、島唄にうつつをぬかすと怖いという思いだけは、ずっとつきまとった。十七、八の頃、いっとき島唄を勉強したこともあったが、そのせいか深入りはできなかった。しかし音楽は好きだったので、船大工の仕事のかたわら、ダンスホールに通ったり、アコーディオンやマンドリンに熱中したりと、洋楽には親しんできた。

中村は、坪山がときおり仕事場で島唄を歌うのを聞いていた。その節曲げが実に見事だったので、なんとか大会に引っ張り出したいと思っていた。坪山との交渉は、セントラル楽器の社員であった池島典夫と小川学夫が担当した。

二人はさっそく坪山の工場に行き、池島がそこで働いていた坪山とおぼしき人に、

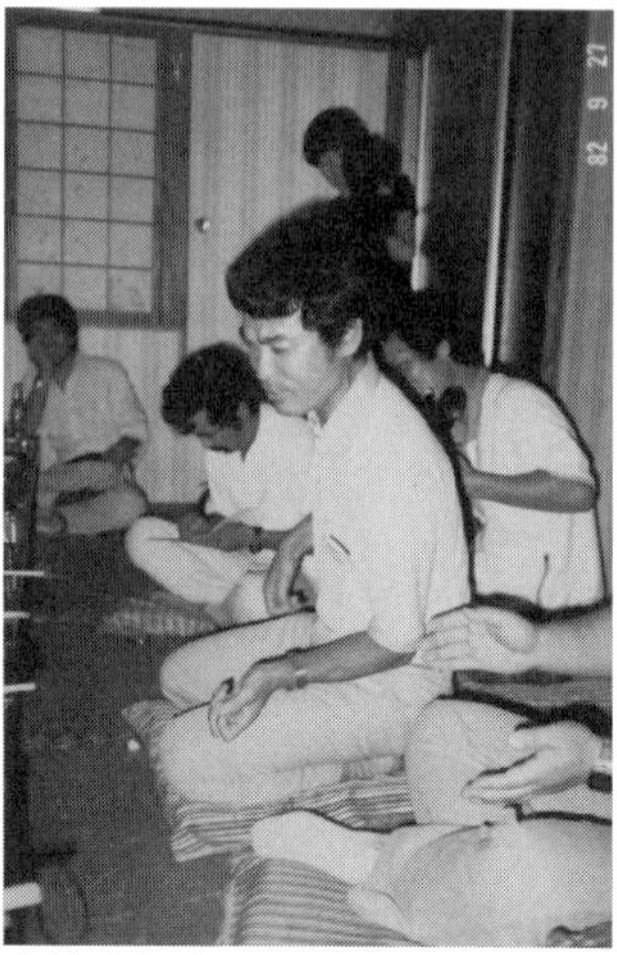

中村喬次（昭和 57 年）

「坪山さんのお宅ですか。島唄をされるそうですね」

と尋ねると、相手は、

「いいえ、島唄はしません」

という返事。

人違いかと、会社に戻ってもう一度確認し、翌日また訪ねて出演を依頼したが、坪山は固辞した。

説得はむずかしいと考えた中村は、一計を案じた。先に新聞広告に出演者として坪山の名前を入れて、既成事実をつくったのである。しかも、当日歌う曲目まで勝手に決めてしまった。

幸い曲の方は、仕事のときにいつも歌っていた十八番であったが、坪山は当惑した。しかし、新聞に出てしまって、

「見ましたよ」

と声をかけてくる知り合いもいる。もはや出場するしかないのか、と腹をくくったが、池島には、

「もし私の唄が悪ければ、恥をかくのはあなたですよ」

と念を押した。

池島は、軍政下の奄美で活動した劇団「熱風座」のスター俳優だった。話術が巧みで、セントラル楽器ではセールスを担当していた。民謡大会の司会として重宝され、この大会でも司会を担当した。島唄に詳しくはなかったが、勉強はした。大会ではこんな問答が繰り広げられた。

「坪山さんは坪山造船所を経営していらっしゃいますが、だいたいどのような舟をつくっていらっしゃるのですか」

「ええと、ふつうアイノコというんです」

「アイノコ、ああそうですか」

「はい」

「刳り舟と伝馬船の合いの子ですね」

「そうです」

「坪山さんも舟はぎをしながら唄など歌いますか」

「あまりやりませんけど」

「はあ」

「仕事が調子に乗りだしたら、ときどき」

池島典夫／セントラル楽器CD「実況録音・奄美民謡大会」（平成24年）の解説書より

奄美パークに展示されている坪山豊が制作したアイノコ／撮影・久野末勝

「ときどき歌いますか」

「はい」

「そうでしょうね、仕上がり間近で、眺めながらふとこう唄が出て来るというものですね」

それまで誰も聞いたことがなかった新人であったが、坪山が歌いはじめると、会場から「ほぅ」というため息のような声がもれた。

その様子を見た中村は、内心で快哉を叫んだ。大会が終わるとすぐに新聞社に飛んで帰り、翌日の新聞に掲載する記事を書いた。

「宇検村生勝出身の生元高男さんと坪山豊さんは俊良主節と塩道長浜を歌ったが、哀愁の影深いしみじみとした歌に聴衆はうっとり」

唄者、坪山豊の誕生

新しい唄者の誕生はレコード会社も見逃さなかった。「実況録音・奄美民謡大会」の際の坪山の唄が好評だったので、セントラル楽器は坪山のソロアルバムの制作に乗り出すことになった。しかしながら、当時の坪山の島唄のレパートリーはわずか数曲であった。アルバムの録音は、新しい曲

を勉強しながら行うしかなかった。のちに坪山はこのときのことを、

「これは大変なことになったと思った」

と語った。

自分の意志に反して、まるで何ものかに背中を押されるように島唄の世界に足を踏み入れることなってしまったが、いざ入ってみると教えてくれる師匠もいないのである。

いっそ武下和平のところに弟子入りしようと思ったが、武下から、

「あなたは自分の唄を歌えばいい」

と、断られてしまった。

仕方がないので、夫人の利津子の郷である大和村今里で唄者として知られた武田ぼうや今田カメキクを紹介してもらったり、自分の生まれ故郷である生勝の与名スミといった老人たちのもとを訪ねたりして、島唄の教えを請うた。誰かが、

「あそこの集落にいい唄者がいる」

と言えば、当時登場したばかりのカセットテープレコーダーを持って訪ねて行った。坪山はのちに、

「この時期に何十曲という唄を勉強した」

と語ったが、それが可能だったのは、坪山の音楽的才能はもちろん、その凝り性で学究的な性格のせいだったかもしれない。

『実況録音・奄美民謡大会』（昭和 47 年）のジャケット／セントラル楽器

シマで若い頃から歌っている唄者はシマの唄を継承するが、坪山は生まれジマで唄はやらず、四十二歳という遅いデビューを経て本格的な勉強をはじめた。その分、ヒギャやカサンといった島唄の伝統的な区分にとらわれず、いろいろな唄を聞いた。後年、よく語ったように、

「どこの唄であれいいところをもらった」

事実、坪山の頭の中にはまるで研究者のようにさまざまな唄が入っていた。そのため、小泉文夫や小島美子や内田るり子といった本土の学者が来島したときには、とても重宝された。また、坪山自身もそうした学者たちとの付き合いを楽しんだ。

なぜそんなに早く島唄を習得できたのかという問いには、

「自分はあるときに島唄の勘どころをつかんでしまった」

と答えるのがつねだった。

「島唄はだいたい似たようなつくりになっているので、勘どころをつかめば歌えるんですよ」

坪山は一度聞いた唄の特徴をとらえるのが大変にうまく、武下をはじめとする唄者たちのモノマネはもちろん、大昔に聞いた「朝花節」などをそのまま再現することができた。

坪山の唄の特徴は「坪山節」の名で呼ばれる独特な半音を使った唱法にあったが、そのヒントは瀬戸内町勝浦にいた唄者からもらった。たまたまその唄者の三味線の弾き方を聞いて気に入ったので、

「その弾き方をもらえないかね」

と頼み込んで、お礼に舟を造った。

こうして、坪山の唄はヒギャとカサンの両方の特色を併せ持つ唄になった。島唄の伝統にないその唄を、ヒギャでもカサンでもないと嫌う人もいたが、坪山自身はまったく気にせずに、自身の唄を「名瀬の唄」と呼び、話が興に乗ると、

「島唄をめちゃくちゃにしたのは、私の責任」

と、楽し気に話す人でもあった。

一年間のレコーディング期間を経て、昭和四十八年（一九七三）に『坪山豊傑作集』が生まれた。徳之島で活躍する唄者、中島清彦は、はじめてそのレコードを聞いたとき、歌い易さに驚いた。当時、渡哲一に島唄を学んでいた中島は、

「あまりにも歌い易いので、自分の節がくずれてしまうと思い、一度聞いてそれ以上は聞かなかった」

と告白する。同様の感想を語る人は少なくない。

たしかにその唄は、どこかごつごつとした従来の島唄とは違い、なめらかで、すぐに頭の中に入ってくるような節回しだった。

三味線は同じ宇検村生勝の生まれで、幼馴染だった稲田栄利が担当した。レコーディングのときはまだ三味線が弾けなかった坪山であったが、稲田について三味線を習い、短期間で上達していった。

武下を「天才」、坪山を「地才」と呼んだのは、中村喬次である。いい得て妙だが、坪山と武下の相違は、坪山自身が武下という先駆者を前に、意識的に自分の歌い方を選んだということもあろ

『坪山豊傑作集』（昭和48年）のジャケット／セントラル楽器

う。「ナツカシイ」とか「情感がある」と評されたその歌い方は、武下の華麗な唄が先にあったからこそ生まれたものだとも言えた。それほど坪山は器用な人だったのである。

武下と坪山という二人の新しい才能を得て、奄美の島唄界は活気づいた。

不惑を過ぎてデビューした坪山の出現は、島にはまだ隠れた唄者がいるかもしれないという期待感を人々にあたえた。こうして、さらなる新人発掘を目的としたコンクールが企画される。それが「奄美民謡新人大会」だった。

奄美民謡新人大会

コンクールが話題になると、必ず島唄はコンクールにはなじまないという意見が出る。島唄は本来歌遊びだから、楽しく歌うのが本道だというのである。

それはそれで正論だが、しかし島唄には昔から「競う」という要素があったことも否定できない。すでに述べた名越左源太の『南島雑話』にある「掛け歌」も、歌の返しの早さを競う競技であった。つまり島唄で競う慣習は、少なくとも江戸時代からあったことになる。

同じルールであったかは定かではないが、奄美のあちこちの集落には、「誰それと誰それが歌掛けで勝負をして誰それが勝った」とか「一晩中勝負をしても決着がつかなかった」という唄の勝負にまつわる話が伝えられていて、いまでも耳にすることがある。

島唄におけるコンクールの伝統は、実際にはかなり古い。

唄者の太原俊成は、同じく唄者であった父親から、

「自分は瀬戸内の民謡大会で一番になった。そのときの審査委員の一人は節子のトミだった」

という話を聞いている。

節子のトミは本名を藤富過といい、昭和八年（一九三三）に六十九歳で亡くなっている。大島南部の節子に住み、美人の誉れ高く、唄者として有名であったばかりか、烏賊曳きもすれば鉄砲を片手に鴨打ちもするという男勝りの女性で、島唄の歌詞にもよく歌われる有名人だった。

太原は昭和五年（一九三〇）の生まれだから、父親が優勝した民謡大会が行われたのは、おそらく大正か昭和初期のことだったろう。この大会がどのような方法で順位を決めたのかは定かではないが、一種のコンクールであったことは間違いない。

小川学夫が昭和五十五年（一九八〇）頃に九十歳近い老人から聞いた話によれば、老人の青年時代に名瀬で開かれていた歌会には持ち唄の数を競う会があり、出場者は指定された曲を歌えなかった時点で失格になったという。

もっと新しいところでは、唄者の豊田トミが、昭和三十七年（一九六二）に名瀬文化会館で行われた民謡大会では、聴衆の投票で出場した唄者の順位が決まった、と証言している。豊田は三位だったという。

はっきりとコンクールと銘打たれてはいなくても、唄者が唄を競うことを目的とした催しは、奄美ではかなり昔から行われていたと考えていいだろう。

島唄のみが対象ではないが、昭和二十一年（一九四六）にはじまったNHK素人のど自慢コンクールにも、何人もの唄者が出場している。かつてのど自慢には「民謡の部」があり、たとえば昭和三十八年（一九六三）二月開催の第十六回NHK素人のど自慢コンクール全国大会鹿児島県予選では、石原豊亮が一位、武下和平が二位になっている。

そのなかで、昭和五十年（一九七五）に新たなコンクールとしてはじまったのが、「奄美民謡新人大会」であった。

このコンクールの新しさは、目的をはっきりと新人唄者の発掘とレコードデビューの二点に定めたことにあった。

島内の民謡大会に出る唄者がいつも同じ顔触れのベテランで新鮮味がなくなっていたので、こうした大会に出場する機会のない隠れた新人を発掘し、加えてその新人にセントラル楽器で島唄アルバムをレコーディングする権利をあたえようというのである。

当時はテレビでも「全日本歌謡選手権」（昭和四十五年開始）や「スター誕生」（昭和四十六年開始）などのオーディション番組が流行していた。前者からは五木ひろしや八代亜紀などの人気歌手が生まれ、後者からは森昌子や山口百恵などの数多くのアイドル歌手が生まれた。奄美民謡新人大会は、いわばその島唄版だったのである。

セントラル楽器は、坪山に続く第二、第三の新人の発掘を期待していた。坪山はこの大会の最初に「基準歌唱」という名目で課題曲の「朝花節」を歌ったが、これは「新人の先輩」からのお手本という意味もあったに違いない。

しかしながら、応募者が殺到する全国規模のオーディション番組とは異なり、島唄の新人大会は出場者を集めるのが一苦労だった。島唄教室がはじまってまだ数年という時代である。新人で、しかも人前で島唄を歌える実力を持っている人がそれほどたくさんいるはずはない。

セントラル楽器に来た集金係の男性が、「行きゅんにゃ加那節」なら歌えると言ったところ、

「それなら出場して」

と泣きつかれたという笑い話まであった。

結局、新人大会に出場したのは、三十一人。最年長が七十六歳、最年少は小学三年生であった。

第一回奄美民謡新人大会は二月十五日と十六日の二日間にわたって行われ、一日目が予選、二日

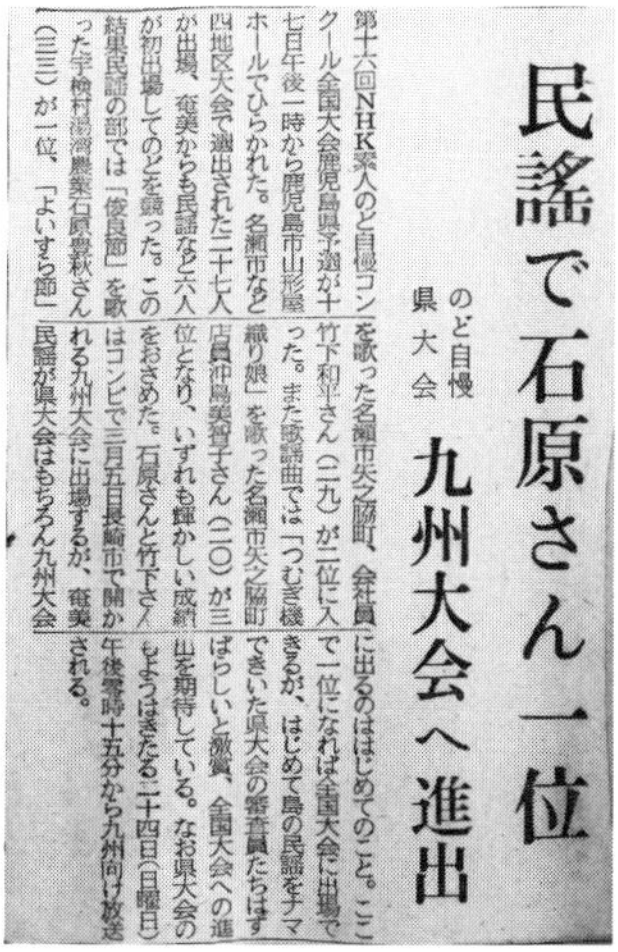

民謡で石原さん一位

のど自慢 県大会 九州大会へ進出

第十六回NHK素人のど自慢コンクール全国大会鹿児島県予選が十七日午後一時から鹿児島市山形屋ホールでひらかれた。名瀬市など四地区大会で選出された二十七人が出場、奄美からも民謡など六人が初出場してのどを競った。この結果民謡の部では「俊良節」を歌った宇検村湯湾農業石原豊秋さん(三三)が一位、「よいすら節」を歌った名瀬市矢之脇町、会社員竹下和平さん(二九)が二位に入った。また歌謡曲では「つむぎ機織り娘」を歌った名瀬市矢之脇町店員沖島美智子さん(二〇)が三位となり、いずれも輝かしい成績をおさめた。石原さんと竹下さんはコンビで三月五日長崎市で開かれる九州大会に出場するが、奄美民謡が県大会はもちろん九州大会に出るのははじめてのこと。ここで一位になれば全国大会に出場できるが、はじめて島の民謡をナマできいた県大会の審査員たちはすばらしいと激賞、全国大会への進出を期待している。なお県大会のもようはきたる二十四日(日曜日)午後零時十五分から九州向け放送される。

石原豊亮（記事中は豊秋とある）、「のど自慢」で優勝／昭和 38 年 2 月 19 日、南海日日新聞

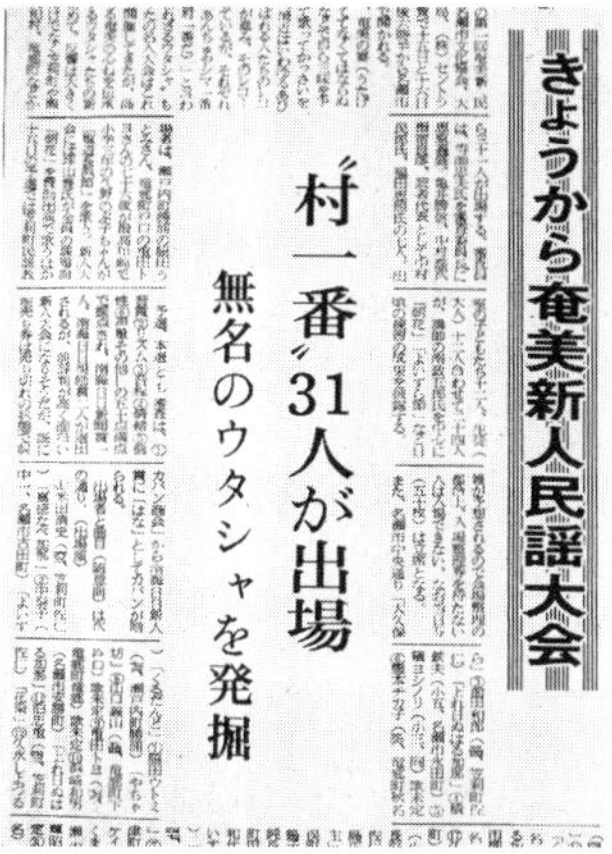

きょうから奄美新人民謡大会

〝村一番〟31人が出場

無名のウタシャを発掘

第 1 回奄美民謡新人大会（第 1 回大会の記事では「奄美新人民謡大会」も混在した）／昭和 50 年 2 月 15 日、南海日日新聞

目が予選で選抜された十五人による決勝だった。新人賞を受賞したのは、築地俊造だった。四年後に日本一になる唄者の、これが実質的なデビューであった。

二月二十一日、築地は南海日日の「顔」欄に登場し、

「新人賞などとても予想しませんでした。私よりもうまい人が何人もいたと思うのですが……、皆さんに悪い気がします」

と語った。そして、福島幸義の教室でヒギャ唄をはじめ、その後笠利の人からカサン唄を薦められたが、いまだにヒギャ唄の癖が抜けないこと、大会の四、五日前に伊集院リキに教えを受けたと自分の島唄歴を述べ、新人賞もそのおかげ、と語った。記事は、

「島唄は一つの哲学だと思います。島唄で自分を追求します。（……）老人対象の催しがあったらいつでも呼んで下さい。喜んで歌います」

という築地の言葉を紹介したあと、「実直でやさしいウタシャ」、「無欲で謙虚」とその人柄をたたえた。

築地はこの大会後、反省会の席で、坪山と出会う。

坪山の唄を一節聞いたとたん、築地は、

「これだ、この唄だ」

と思った。それほど、その唄は築地の琴線に触れた。

「自分もこんな唄を歌いたい」

と思った。以来、築地は毎日のように坪山の家に通いつめ、歌遊びのようにして練習を重ねた。

坪山も築地を気に入り、各地の民謡大会のステージにも二人で上がることが多くなった。

昭和五十三年（一九七八）八月には、築地が歌った坪山作曲の「ワイド節」のＥＰレコードがセントラル楽器から発売され、大評判になった。同年十一月には、音楽学者の小泉文夫が中心となって東京と大阪で開催された国際学術大会「アジア伝統芸能の交流」に二人で招聘された。日本の学者たちのあいだで奄美島唄に注目が集まりはじめていたのである。

翌昭和五十四年（一九七九）、築地は前年からはじまった日本テレビの「輝け！日本民謡大賞」のステージで、坪山から教わった「まんこい節」を歌って優勝する。

奄美初の本格的な新人発掘コンクールの第一回の覇者は、こうしてその四年後に民謡日本一になった。出来すぎた話だったが、それが現実に起こってしまったのである。

かつてあれほど懸念された島唄の次世代への継承は、坪山や築地の登場によって杞憂に終わり、奄美の島唄界は四十二歳でデビューした坪山と、四十一歳で新人賞を受賞した築地を中心として新しい時代に入っていくことになる。

象徴的なエピソードがある。

築地が東京の日本武道館で民謡日本一になった晩、坪山豊は大島高校体育館で、九州交

顔

プロになりたくない

クールな感じのウタシャ

第一回南海日日新人賞の
築地　俊造さん

「顔」欄の築地／昭和 50 年 2 月 21 日、南海日日新聞

底抜けの明るさ

来月にレコード化

前人気呼ぶ「ワイド節」

島の俳人、唄者が合作

ワイド、ワイド、ワイド、わきゃ牛ワイド、全島一ワイド…。出だしから踊りたくなるようなこの曲、その名も「ワイド節」。名瀬市内に住む闘牛好きの俳人が作詞、それに唄者が曲をつけた。先月、徳之島で開かれた闘牛大会で初公開され、島民の絶賛を浴びた。このほど、レコーディングも済み、八月上旬にはレコード化される。

この曲を作詞した奄美和光園の放射線技師長、中村民郎さん(五三)と作曲した造船所経営、坪山豊さん(四七)の二人は古くからの友人。坪山さんは一流の唄者であり、中村さんは坪山さんのファンでもあった。

お互いの家を訪ねては詩論をくみ交わしながら島唄論を展開。ことし二月ごろ、「島唄は元来明るいものじゃなかったのか」という持論を持つ中村さんと坪山さんの意見が一致。底抜けに明るい奄美の風土と人情を歌った島唄を作ろうということになった。

「詩のほうは3日すんなりできた。中村さんは俳人でもあり、俳号は「迷羊」。牛年生まれで無類の牛好き。徳之島の闘牛と島民たちのおおらかさを表現した「ワイド節」ができた。新民謡「アダン花」に続いて二作目。

中村さんがさっそく坪山さんに詩を渡したところ、非常に気に入り、三味線で口ずさみ始めた。しかし、祝いの場所で誰でも歌え、踊れるという中村さんの厳しい注文と初めての作曲ということでなかなかうまくいかない。二か月後のある朝、「詩を眺めながら食事しているとすんなり曲ができてきた」のにびっくり、あわててテープに録音したという。

「ワイド節」の歌詞は一番から四番まで

ワイド、ワイド、ワイド、わきゃ牛ワイド、全島一ワイド

三人集まれば島唄談義に花が咲く(左から中村、[illegible]、坪山さん)

「ワイド節」発売／昭和53年7月4日、南海日日新聞

響楽団の演奏会に出演し、山畑馨が作曲した「ベルスーズ奄美」を歌っていた。

「ベルスーズ奄美」は、九州交響楽団が宇検村阿室出身でNHK交響楽団のファゴット奏者であった山畑に奄美公演に合わせて委嘱したものだった。「ベルスーズ」とはフランス語で「子守唄」の意味。「永良部の子守唄」、「舟の高艫（よいすら節）」、「旅や浜宿り」、「ドンドン節」といった島の旋律に、近代フランス音楽を思わせるモダンなオーケストレーションが施された曲だった。

島唄が三味線以外の楽器で歌われることを懸念する声もあったが、坪山の声は大編成のオーケストラと合唱団の中で何の遜色もなく響いた。この曲はその後盛んになる島唄の洋楽器によるアレンジの最初の試みでもあったのである。

昭和五十四年（一九七九）十月二十七日、

島唄は東京と奄美という一二〇〇キロも離れた別々の場で、伝統的な縛りを超えて、新しい世界に踏み出そうとしていた。

第五章　島唄の響く街、名瀬

民謡日本一、築地俊造

日本民謡大賞に優勝した築地が、現在の奄美パークの敷地にあった旧奄美空港に到着したとき、空港には歓迎の人が大勢つめかけた。文字通り、一夜にして島の有名人になった築地は、しばらくは島でひっぱりだこの人気者になった。

築地の本職は実兄が経営する丸善工務店の専務であったが、受賞の翌月の予定は半分以上が出張で埋まった。鹿児島のＫＴＳでの祝賀パーティー、大島高校の同窓生による祝賀会、名瀬市主催の祝賀会と数日おきにパーティーが開催され、落ち着く暇がなかった。テレビ出演の依頼も、日本テレビやフジテレビといったキー局のみならず、福岡テレビや富山放送といた地方局からも来た。

故郷の笠利町でも町主催の祝賀会が催され、その席で副賞としてもらった三菱シグマ（一六〇〇ＣＣ）が町に寄贈され、車は「まんこい号」と名づけられた。

十二月一日には、築地が所属する奄美民謡同好「赤土会」のNHK歳末助け合いチャリティーショーが名瀬小体育館で開催され、千五百人がつめかける大盛況となった。ショーの模様はNHKのテレビ、ラジオを通じて全国にも放送された。

騒ぎは翌年（昭和五十五年）になっても収まることはなかった。

一月二十日には「関西奄美民謡芸能大会」に招かれて、新民謡の三界リエ子と共演。三月には、築地の日本一に触発されて沖縄の奄美出身者が結成した「奄美芸能沖縄愛好会」の主催による「民謡日本一激励鑑賞会」が、那覇の労働福祉会館で開催された。

大忙し「民謡日本一」
戸惑う築地俊造さん

N54.11.23

本業もお留守がち
TV、宴会にひっぱりだこ

「私が歌ったのは"奄美民謡"であって"島唄"ではありません。プロの歌手にはなりません」――と語っている今年の民謡日本一 築地俊造さん（二五）だが、テレビの威力は大変なもの。

築地さんはテレビ各局からも引っぱりだこで、本業の丸善工務店専務もお留守気味。

築地さんが「マンコイ節」をひっさげて日本一を決める晴れ舞台、日本武道館に臨んだのは先月二十七日。郷里では、さっそくネット局のKTSをはじめ同窓会、地元名瀬市が祝賀会を開き、民謡大賞受賞を祝ったが今月十五日は再び日本テレビに出演、各種の祝賀会にも引っぱりだこ。

「今月は半分以上が出張。名瀬にいても殆どいろんな祝賀

民謡大賞受賞で大忙しの築地さん

人気者になった築地／昭和54年11月23日、南海日日新聞

名瀬市主催の祝賀会（昭和54年11月16日）／昭和54年11月17日、南海日日新聞

四月には、キングレコードから『まんこいの郷／築地俊造奄美の心をうたう』というLPレコードが発売され、六月二十一日には浅草国際劇場で、日本民謡大賞の第一回の優勝者である小野花子との合同公演が行われた。

十月二十一日には南海日日新聞社とセントラル楽器の共催で、「築地俊造　日本民謡大賞受賞記念公演」が中央公民館で行われた。

お呼びがかかったのは、日本からばかりではなかった。昭和五十六年（一九八一）二月には、自宅にフランスからの出演依頼が届いた。

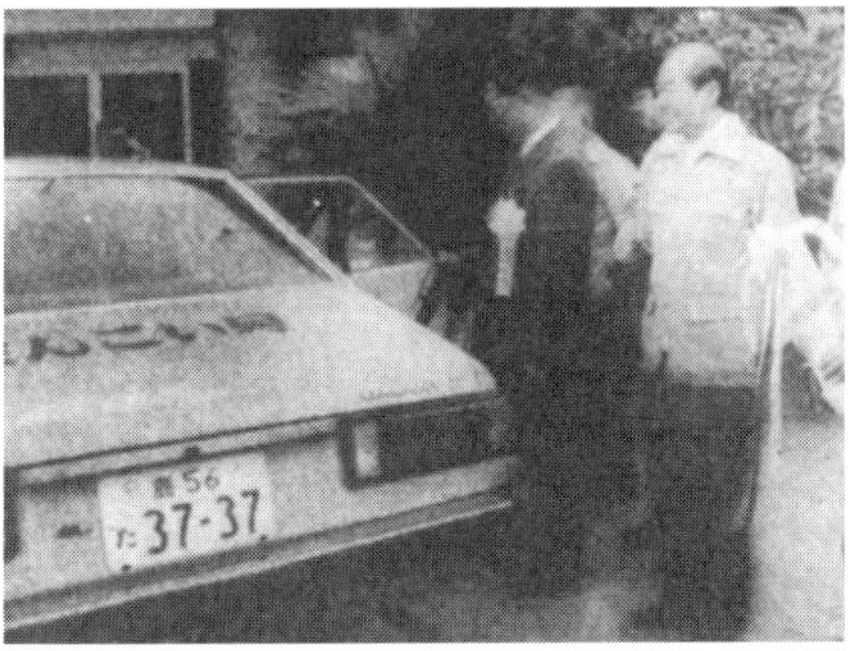

まんこい号／昭和 54 年 11 月 25 日、南海日日新聞

小野花子との公演のチラシ（昭和 55 年）

同年四月二十二日から二十九日までフランス北西部の町レンヌで行われる国際伝統芸能フェスティバルに出演してほしいというのである。一九七八年に東京で開かれたアジア伝統芸能交流に参加した経験と、日本民謡大賞の受賞が買われてのことだった。全世界の伝統芸能が一堂に会

文化

ムッシューまんこい

島唄に感激しつつ
46年目の海外旅行

築地　俊造

日の丸の旗掲げられ
〝日本代表〟の気分に

フランス行状記

ムッシューまんこい～フランス行状記１／昭和 56 年 7 月 18 日、南海日日新聞

する催しに、奄美島唄が招かれたのである。

島唄初の海外公演ということもあって、出発前には民俗学者の山下欣一や詩人の藤井玲一ら五十人が、「築地俊造氏をフランスに送る会」という激励を兼ねた歓送会を催した。

築地は帰国後、昭和五十六年七月から南海日日に「ムッシューまんこい～フランス行状記」と題する旅行記を四回にわたって連載した。それによると、四十六歳でのはじめての海外旅行は、ハプニングの連続だったらしい。

行きの飛行機の中から、なんとかなるだろうと思っていた英語がまったく通じず、紅茶をもらうまでに一苦労する。空港に到着して、タクシーの運転手に話しかけても、両手を広げて首を傾げるばかり。結局、国際交流基金に電話して迎えに来てもらった。何時間も小用を我慢してようやくたどり着いたトイレでは、便器が高すぎて的に届かず、ズボンを濡らしてしまう。生水を飲んだら蕁麻疹ができて、薬局に駆け込んだが症状を説明できず、ヤケになってシマグチで説明したところ、意外にも通じて薬をもらえた、という具合である。

肝心の公演の方は、持ち時間が一時間半もあり、間を持たせるのが大変だったらしい。息を殺して聴き入る聴衆を前に、緊張で足がガクガクしたが、へタな英語で挨拶したところ、聴衆がざわめいてようやく緊張が解けたという。十五曲歌った島唄のうち、もっともウケたのは「いそかな節」。リクエストも多かった。公演の評判は上々で、終演後にプロデューサーが、

「時間を忘れたよ」

と言って握手を求めたときは、心の中で「島唄バンザイ」と叫んだという。

こうした築地の内外での活躍は、奄美島唄界全体を活気づけた。

「万来」開店

龍山義光の店、「万来」が名瀬で開店したのは、築地の日本一の翌年、昭和五十五年（一九八〇）七月五日だった。

龍山はこの日の晩、群島内のみならず大阪からも多くの唄者を招いて開店祝賀会を開催した。祝賀会の様子は、

「「万来」開店祝う」

と南海日日でも報道されたが、

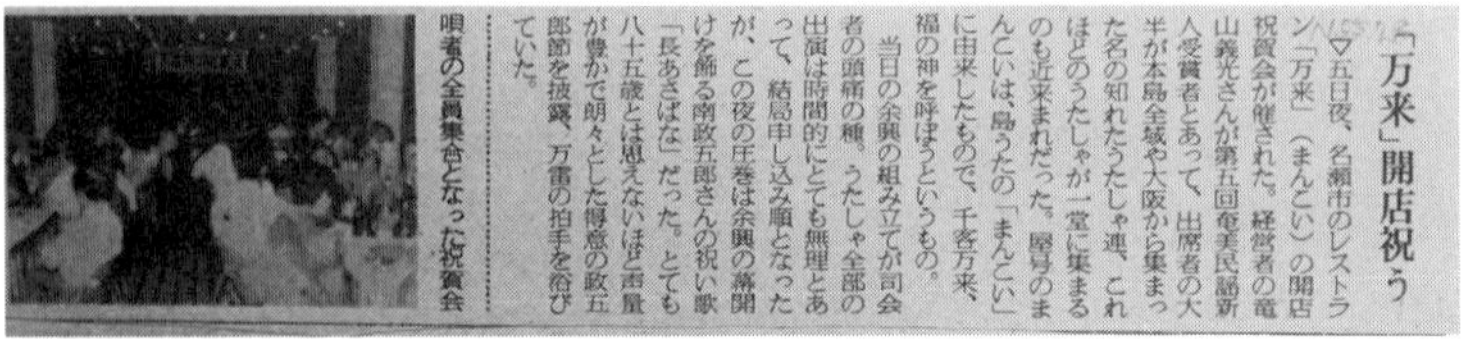
「万来」開店祝う
▽五日夜、名瀬市のレストラン「万来」（まんこい）の開店祝賀会が催された。経営者の竜山義光さんが第五回奄美民謡新人受賞者とあって、出席者の大半が本島全域や大阪から集まった名の知れたうたしゃ連、これほどのうたしゃが一堂に集まるのも近来まれだった。屋号のまんこいは、島うたの「まんこい」に由来したもので、千客万来、福の神を呼ぼうというもの。
当日の余興の組み立てが司会者の頭痛の種。うたしゃ全部の出演は時間的にとても無理とあって、結局申し込み順となったが、この夜の圧巻は余興の幕開けを飾る南政五郎さんの祝い歌「長あさばな」だった。とても八十五歳とは思えないほど声量が豊かで朗々とした得意の政五郎節を披露、万雷の拍手を浴びていた。
唄者の全員集合となった祝賀会

「万来」開店／昭和 55 年 7 月 8 日、南海日日新聞

「これほどの唄者が一堂に集まるのは近来まれ」と書かれるほどの顔ぶれだった。

余興では八十五歳の南政五郎が「長朝花節」を歌ったのを皮切りに、出席した唄者たちが次々と自慢の喉を披露した。

和美はこのときまだ尼崎にいて引っ越しの準備をしていた。奄美に行く準備が整うまで、店の仕事は龍山がするという約束だったが、開店から数カ月で夫人から、龍山の体調が思わしくないので早く奄美に来てほしいと言われ、結局予定より早く奄美に来ることになった。

奄美に住むのは、九歳のときに西古見を出て以来、ほぼ三十年ぶりだった。龍山が宣伝してくれた効果もあって、和美が島唄をしにわざわざ大阪から来たという評判は、すぐに名瀬の島唄関係者のあいだにも伝わった。

店の目玉は手打ちうどんで、夫がうどんを打った。現在の「かずみ」のように島唄を売りにする店ではなかったが、客の大半は島唄関係者だった。なかでも毎日のようにやって来たのが、築地俊造と阿世知幸雄だった。築地は丸善工務店専務という肩書はあったものの、日本一になってからは唄の仕事が増えて、時間に縛られずに自由に遊んでいた。

阿世知は龍郷町出身で本職は畳屋だったが、三味線に夢中になって、いつしか三味線が本業のようになってしまった。阿世知三味線教室という教室を

運営し、多くの生徒を抱えていた。

二人とも昼間から「万来」にやってきては、うどんを食べ、三味線を手にした。

阿世知幸雄／昭和61年2月8日、南海日日新聞

「万来」開店の頃（34歳）

当時の築地といえば、パンパンにふくらんだ財布がトレードマークだった。民謡日本一になったばかりのときだったから、金回りもよかったのだろう。いつも景気よく一万円札で財布を一杯にふくらませて、会計のときにはその財布を毎回和美の目の前で開けて見せる。

和美はあるとき、思い切って、

「築地さん、たかだか五百円程度のうどんをたべるのに、わざわざそんなにふくれた財布を持ってくることないじゃない。見せびらかすようでよくないよ」

と注意した。しかし、築地の財布はその後も薄くならなかった。それどころか、

「ジュースを買ってきてくれ」

と、ぶ厚い財布をまるごと渡され、閉口したこともある。

「万来」には和美の噂を聞きつけて、島のあちこちから唄者や三味線弾きが集まって来た。店はいつしか歌仲間のたまり場のようになった。

昼間から店に人が集まって、三味線を弾いたり島唄を歌ったりしているところを龍山に見つかり、

「おまえはまじめに商売をしているのか。ここは島唄を歌う場所じゃないだろう」

と叱られたこともあった。

当時、奄美では「模合《もあい》」が流行していた。模合は島では「ムエ」と言った。ムエとは本土の「頼母子講」のことである。

二十人くらいで一グループをつくり、ひと月に一、二回、仲間内で会費を出し合って集まるのである。さまざまな名目のグループがあり、一人でいくつものムエにかかわることができた。和美もうどん屋をやりながら複数のムエにかかわっていた。歌遊びを目的とするムエでは、坪山がレコーディングのときに教えを受けた生勝や今里の年配の唄者たちが集まって一緒に遊んだ。

名瀬に来た頃の和美は、歌える島唄も数曲で、シマグチもよく分からなかった。仕方がないので、歌遊びの様子をすべてカセットテープに録音し、終わってから繰り返し聞いた。そうして、どんな歌詞でどんな唄を歌っているのかを歌詞集で調べ、シマッチュの発音の仕方を真似て、必死になって勉強した。

和美は西古見育ちではあったが、島には九歳までしかいなかったので、シマグチはほとんど話せなかった。尼崎にいたときは義母や義父がシマグチを話したが、和美のシマグチはしょせん子供の頃に覚えたシマグチで、義父母から、

「あんたは目上の人に対する言葉づかいがなっていないから使わん方がいい」

と言われて使わなかったから、覚えるチャンスがなかった。だから、油断するとすぐに大阪なまりが出る。

意識してシマグチを使うようになったのは、名瀬に来て、坪山から、

「シマグチができないと島唄もできない。だから、会話もシマグチにしなさい」

と言われてからである。

当時の島唄コンクールの審査員はシマグチに厳しい人たちが多く、発音に少しでも大和なまりが出ると、すぐに減点の対象になった。島唄を歌うには、まずシマグチを覚えなければならなかったのである。

いきおい、一番近くにいる西古見生まれの夫の恵洋が先生役になった。恵洋はなかなか厳しかったが、坪山は周囲に、

「ご主人がなかなか褒めないのが、かえって刺激になっているようだ」

と話していた。

いまでも和美のシマグチは、いわゆる「名瀬ことば」だ。名瀬ことばには土着のことばもあるが、あちこちから人が集まって来るので、笠利やら宇検村やら大和村やらいろいろな集落の言葉が混ざる。シマグチは辞書もなければ文法書もなく、自然に覚えるしかないので、大人になってから習得するのは本当に大変なのである。島唄の練習は、和美にとって勉強の連続だった。

坪山豊との練習

坪山は「万来」が入っているビルの三階に住んでいた。

船大工だったから、朝から自転車で工場に出て、昼頃に昼食を食べに戻って来る。戻ってきたときは必ず自転車を止めるキーという音が聞こえる。昼ごはんが終わる頃を見はからって、上に行って教えてもらった。

当時の坪山はまだ後年のように忙しくなかったので、自分が工場に戻る時間を遅らせても、毎回二時間くらい練習に付き合ってくれた。

練習はいつも二階の空き部屋だった。ビルを建てたときは、二階は島唄教室にするという予定だった。ところが、いつまで経っても教室はできず、空き部屋のままだった。

コンクリートがむき出しになった部屋は、殺風景だったが、エコーが効いて歌はうまく聞こえた。大声をあげても外に漏れることもなく、練習には絶好の場所だった。

そこで坪山からマンツーマンの指導を受けた。最初に、

「どんな唄が好きなの?」

と聞かれた。上達するためには、まず好きな唄を歌うべきというのが坪山の持論だった。

「「塩道長浜節」が好きです」

と答えたら、

「なぜ好きなの？」

と理由を聞かれた。

「塩道長浜節」をある程度覚えると、「くるだんど節」に進んだ。

練習の中心は、坪山に合わせて一緒に歌うことだった。細かいことは言わず、自由に歌わせてくれたが、拍子にはうるさかった。

「拍子が狂うのは絶対にいけない」

とメトロノームに合わせて歌わせられたりした。

坪山と、「かずみ」開店5周年記念で（昭和62年）

当時は民謡歌手の金沢明子が人気で、とくにロウソクを口の前に置いて、消さないように歌う日東あられのコマーシャルは話題になった。坪山もそれを真似て、同じようにロウソクを前に置いて練習させたこともあった。
その頃の坪山は、和美以外に生徒がいなかったので、歌唱以外のいろいろなことに口を挟んだ。特にカラオケに関しては神経質だった。
名瀬は小さい街なので、屋仁川で飲んでいると、誰かが見ていて坪山の耳に情報が入る。仲間とカラオケに行くと、すぐに坪山から、
「あんなところで歌ったら島唄がダメになる」

と叱られた。カラオケはエコーがかかるので、自分の声がわからなくなるというのである。

坪山の教え方は独特だった。

「若いうちは高い声ならいくらでも出るから、むしろ低い声を出す練習をした方がいい」

と言って、「かんつめ節」を歌うときは、調子笛の二の高さで歌わせた。「かんつめ節」は高音が特徴的な唄で、ふつうは七くらいで歌う。その曲を二で歌わせたのである。

島唄はどれだけ高い音が出るかを競う歌というイメージでとらえられがちだが、実際に歌ってみると、低音を出すときの方が、音程が不安定になってむずかしい。だから、女性の唄者でも低い音は苦手という人はたくさんいた。

どうしてこんなに低い音に合わせるのかといつも疑問に思っていたが、このトレーニングのおかげで後年楽に男性と歌えるようになり、掛け合いの幅が広がった。

坪山はまた、

「唄の聴かせどころは一カ所でいい」

とも言っていた。たとえば、「塩道長浜節」である。

塩道長浜なんてぃ　　塩道の海岸に
馬てぃなじうかば　　馬が繋いであったら
如何だるさや　　どんなに疲れていても
うり取てぃ乗るな　　乗ってはいけないよ

この唄では、最初の、

「しゅ〜み〜ち〜なが〜〜は〜〜ま〜」

の部分を聞かせどころとした。

「唄は力を入れるところと、抜くところがあって唄になる。聞かせどころが何カ所もあると疲れてしまう」

というのが持論だった。

「歌っているときには、自分に酔うから、練習のときはカセットに自分の唄を録音して、あとから聞け」

とも言われた。たしかに、そうやって自分の唄を聞き直すと、感情を入れたつもりの箇所に感情が入っていないとか、歌っているときには気づかなかった問題に気づくことができた。何度も何度も繰り返し歌って、悪いところを直していった。

毎回二時間も続く練習では、坪山も惜しみなく何度も歌ってくれた。

坪山の歌い方は天性のもので、簡単に真似ができそうで、できなかった。その哀愁を帯びた歌唱の特徴は「半音歌唱」と呼ばれるが、実際には半音下がりきらないうちに、元に戻る。その微妙さは、到底真似しきれるものではなかった。

その半音歌唱の傑作が、和美の代名詞となった「雨ぐるみ節」だった。この唄はもともと「あんちゃんな節」という、歯切れのいいリズミカルな唄だった。

西ぬ管鈍なんて
雨ぐるみ下がてぃ
雨ぐるみあらぬ
吾加那志《わかなし》ぬ目《め》涙《なだ》どぅ

西の管鈍の方に
雨雲がかかっている
いや、あれは雨雲ではなくて
私の愛しい人の涙なんだよ

「あんちゃんな節」ならば一分三十秒くらいで歌える歌詞だったが、坪山はそれを四分近くかかるゆっくりとした唄にした。和美の声が映えるように、曲をつくり直したのである。坪山節の半音の曲調は、この唄の哀感溢れる歌詞ともよく合っていた。

この曲の雰囲気をつかむため、和美は梅雨の季節に数日西古見に滞在したことがある。カセットテープレコーダーを手に、曇り空に霞む海の風景を眺めながら、何度も練習を繰り返していたある日、集落を取り巻く高い山の後ろから、真っ白な水の塊がむくむくと湧き上がり、山肌を濡らしながらゆっくりと垂れ下がってくるのが見えた。

山の半分くらいまでが真っ白に霞んだと思う間もなく、ザアッと雨粒が上から降り注いできた。

この景色に突然、

「会いたくて会いたくて、胸が張り裂けそう。涙が流れて、仕方がない」

という恋人たちの感情が重なった。はじめて唄の世界を心から実感したように思い、雨に濡れながら夢中でカセットテープレコーダーのスイッチを押して、「雨ぐるみ節」を歌った。それ以来、この曲を歌うときには、必ず雨に煙る西古見の風景が脳裏に浮かぶ。
「西」という和美の姓と、故郷の西古見の隣ジマの「管鈍」が歌詞に織り込まれた「雨ぐるみ節」は、和美の代表曲となった。

坪山のつきっきりの指導は四年ほど続いた。おかげで歌はずいぶん進歩したが、本業のうどん屋はなかなか軌道に乗らなかった。

西古見集落を囲む山（令和５年）

店は名瀬の中心地にあったが、人通りの悪い裏通りで、近所にはパチンコ屋とホテルしかない。それでも龍山が店を出したのは、坪山が二階に島唄教室をつくるというので、その生徒を当てにしていたからだった。

しかし、二階は和美の練習場所になるばかりで、教室はいっこうにできなかった。客はそれなりに来ていたが、なによりも家賃が高く、うどん屋の経営で払い切れるような金額ではなかった。

うどん以外の丼ものなどもメニューに載せ、夜中まで営業するなどいろいろな策を講じたが、四年ほどで営業が立ち行かなくなり、とうとう店を閉めることにした。

奄美民謡大賞

和美が最初に参加した島唄コンクールは、昭和五十五年（一九八〇）の「第二回島唄新人大会」だった。吉永武英が会長を務める名瀬民謡保存会が主催する大会である。うどん屋の店舗を見に行くついでに出場したらいい、と龍山が勝手に申し込んでしまったのである。

着物は持ってきていたが、着替えが間に合わずジーパン姿で舞台に出たら、審査員から、

「そんなかっこうで島唄大会に出てはいかんよ」

と叱られた。

このとき和美の姿を見かねて歩み寄ったのが、一緒に出場していた松山美枝子であった。

「和美さん、ジーパンで足を広げて歌うのはどうかしら」

と声をかけた。

松山は笠利町須野の出身で、和美より六歳年下だったが、二十代の終わりに上村藤枝の歌に出会って島唄に目覚め、上村が関西で経営する民謡スナックにもよく通っていた。その頃は三十代の女性の大会出場者はまだ少なく、以来二人はコンクールのたびに顔を会わせる歌仲間となる。

和美はその年の「第一回奄美民謡大賞」にも関西から出場し、「くるだんど節」と「雨ぐるみ節」を歌った。母につくってもらった着物をしっかりと着て会場に入ると、場慣れしている松山が舞台への出方などを手とり足とり教えてくれた。

三味線は龍山だったが、本番では唄を聞かずに一人で先に走っていくので、まともに歌えず、さんざんの出来だった。

その年の大賞は、坪山豊だった。司会は小川学夫で、採点集計中は特別ゲストとして築地俊造が登場し、前年の第二回日本民謡大賞の録画が流れた。和美はそのときはじめて、築地が民謡日本一になった映像を見た。

奄美民謡大賞は、前年まで行われていた奄美民謡新人大会を改称したものだったが、その名の通り「日本民謡大賞への登竜門」として位置づけられていた。大会の目的は〝第二、第三の築地〟の発掘にあったのである。

和美は奄美に来て二年くらいはコンクールのことなど考えずに、坪山との練習に没頭したが、そのうち坪山から、

松山美枝子、昭和 54 年奄美民謡新人賞（名瀬民謡保存協会）を受賞したとき／昭和 54 年 2 月 21 日、南海日日新聞

「どんどん大会に出ろ」
と言われるようになった。
昭和五十七年（一九八二）三月、和美はまず吉永武英が会長を務める名瀬民謡保存協会主催の「第四回島唄新人大会」に出場して、最高賞の新人賞を受賞する。このコンクールは奄美民謡大賞の一カ月前に行われるので、腕試しにエントリーする人が多かったのであ

る。

翌月の四月が第三回奄美民謡大賞だった。当時の民謡大賞は少年、青年、壮年の三部に分かれ、出場者もまだ多くなかった。この年は少年の部は二人、青年の部は十人、壮年の部十四人の計二十六人であった。少年の部の二人のうち一人は、まだ七歳の中野律紀で、前年に続いて二度目の出場であった。

当時の大会は現在のように一曲での勝負ではなく、課題曲「朝花節」に加えて自由曲を二曲、計三曲を歌わなければならなかった。和美は自由曲には「塩道長浜節」と「雨ぐるみ節」を選び、龍郷町の久目照和とともに青年の部のＫＴＳ（鹿児島テレビ）賞を受賞した。ＫＴＳ賞は各部門で最も優秀と判断された二人が受賞する賞で、その受賞者の中から大賞が選ばれるのである。その年に大賞を受賞したのは、壮年の部の泊忠重だった。泊は佐仁を代表する唄者で、築地が第一回の優勝者であった奄美民謡新人大会の第二回の覇者であった。

泊忠重／昭和52年4月30日、南海日日新聞

和美はこの年、鹿児島大会、九州大会と通過して、はじめて武道館の日本民謡大賞の舞台に立った。武道館には関西時代の歌仲間が、派手な横断幕を持ってたくさん応援に駆けつけた。坪山が三味線を弾き、歌い慣れた「雨ぐるみ節」で勝負したが、予選突破はならなかった。

翌昭和五十八年（一九八三）、第四回奄美民謡大賞では、「いそかな節」と「嘉徳なべ加那節」を自由曲に選んだ。四十歳になったので、壮年の部からの出場になったが、壮年の部は出場者二十七人のうち十九人という激戦区で、和美は奨励賞だった。ＫＴＳ賞は少年の部が中野律紀、青年の部が石岡春代と松山美枝子、壮年の部が安原ナスエと清正芳計で、大賞は該当なし、新人賞が安原だった。

昭和五十九年（一九八四）、第五回奄美民謡大賞では、「くるだんど節」と「雨ぐるみ節」を歌って新人賞を受賞した。大賞は安原ナスエだった。安原は十二年前に姫路から島に帰り、紬を織りながら親子ラジオで四十曲近く島唄を覚えたという人だったが、坪山にも指導を受けていた。

日本民謡大賞に初出場（昭和 57 年）。三味線は坪山豊。この年、「かずみ」開店

日本武道館に駆けつけた応援団（昭和 57 年）

親子ラジオというのは、昭和二十七年に名瀬の「太陽無線」がはじめた有線放送で、毎日三回の「島唄放送」で人気を博していた。特に一日中坐って仕事をする紬の織工のあいだでは人

安原ナスエ、三味線は坪山豊／昭和 60 年 4 月 29 日、南海日日新聞

気が高く、「機織り世帯の必需品」とも呼ばれていた。

昭和六十年（一九八五）の第六回奄美民謡大賞で、和美は「嘉徳なべ加那節」と「雨ぐるみ節」を歌い、ようやく念願の大賞受賞を果たす。この頃、「雨ぐるみ節」はすっかり和美の十八番となっており、どんなに調子が悪くてもなんとか歌いこなせる曲だった。

四十三歳での大賞受賞は、歴代最年少だった。

今日では十代二十代の大賞受賞は珍しくないが、当時は大賞は四十歳以上が出場する壮年の部から出るのが当然だと思われていた時代だった。世間にはまだ「若手唄者」などという呼び方はなく、「唄者」というのはある程度の年齢にならないと名乗れない尊称だったのである。

和美も民謡大賞を受賞するような唄者は、最低でも二、三十曲は島唄を覚えていて、曲についてもきちんと説明ができなければならないと考えていたから、自分のように島唄をはじめて七年ほどで、レパートリーも十曲程度しかない人間が大賞をもらうのは早すぎると思っていた。受賞後の南海日日の取材に、

「大賞にはまだ早いっていう感じです。これで来年から出られなくなってしまう」

と答えたが、これは謙遜ではなく本音だったのである。

同年七月、和美は民謡選手権鹿児島大会の壮年の部でも優勝する。その様子は鹿児島放送によってテレビでも放送された。石岡春代が青年の部で二位、松山美枝子が三位だった。島に戻った和美は二人と一緒に南海日日の社屋を訪れてこう語った。

「今回ほどみんなが手をとりあい、励まし合って気持ちのいい大会はなかった。感激で涙が流れました」

九月に北九州市で開催された全九州・中国民謡選手権決勝大会には石岡とともに出場し、各々部門の四位になった。

十月四日には鹿児島県代表として、「耀け!第八回日本民謡大賞」に出場した。七年ぶり、二回

奄美民謡大賞新人賞受賞/昭和 59 年 4 月 30 日、南海日日新聞

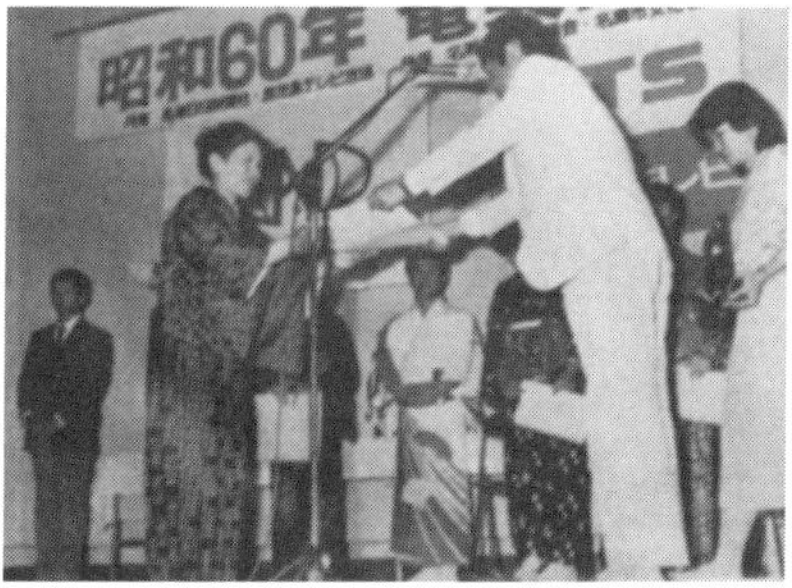

奄美民謡大賞受賞/昭和 60 年 4 月 29 日、南海日日新聞

全九州・中国民謡選手権鹿児島大会後、南海日日新聞社にて/昭和 60 年7月25日、南海日日新聞

目の出場であった。三十九番目に登場して、築地の三味線で「雨ぐるみ節」を歌ったが、決勝進出はならなかった。

築地からは、

「日本民謡大賞に二度も出たのはおまえくらいだぞ。でも、何度出ても一番にならんきゃ何にもならん」

と言われた。その通りだと思ったが、民謡日本一になれなかったことを悔やんだことはない。なによりも、その頃は「かずみ」を開店して、まだ二年ほどしか経っていなかった。たとえ日本一になれても、忙しくてとても店との両立はできなかったろう。

日本一と店を天秤にかけて、どちらを取るかと聞かれたら、迷うことなく店を取る。舞台の島唄もいいが、和美にとって人と人が個性をぶつけ合う歌遊びに勝るものはない。

第 8 回日本民謡大賞出場、2 度目の武道館（昭和 60 年）

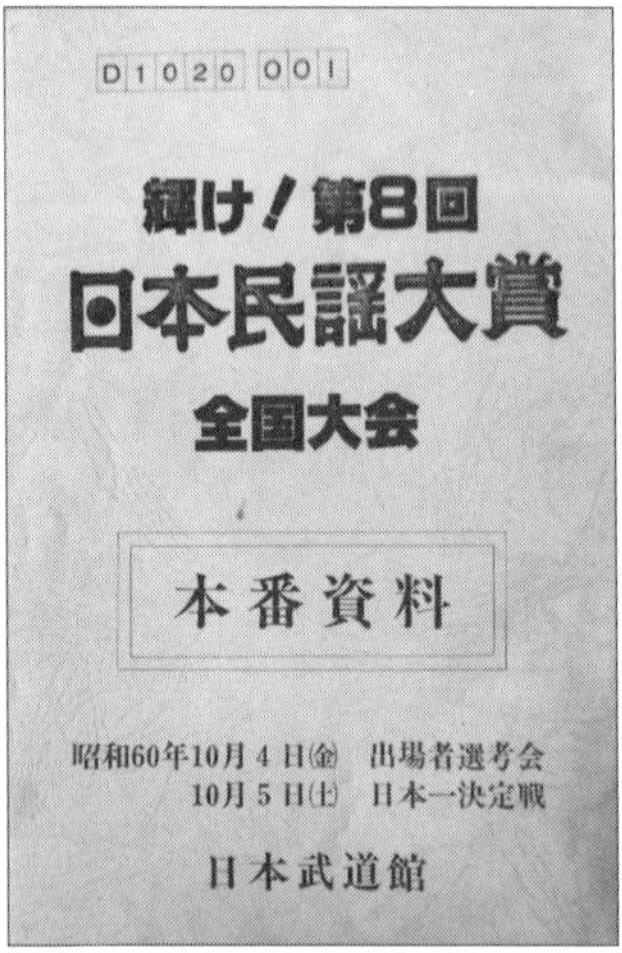

D1020 001

輝け！第8回

日本民謡大賞

全国大会

本番資料

昭和60年10月4日(金)　出場者選考会
10月5日(土)　日本一決定戦

日本武道館

第 8 回日本民謡大賞の本番資料（昭和 60 年）

女性唄者

昭和五十二年（一九七七）の南海日日に掲載された「第三回奄美民謡新人大会を前に」という泊忠重との対談の中で、築地俊造は、

「女性の唄者がほしいですね」

と語った。

もちろん当時も女性の唄者はいたが、数が少ないうえに築地よりも年上が多く、民謡大会などで相方を探すときに苦労していたのである。それほど、唄者と言えば男性という時代だった。しかしながら、和美がコンクールに参加する頃からこの比率が逆転しはじめる。

築地の発言の五年後に行われた第一回奄美民謡大賞は、和美がはじめて出演した大会であったが、青年の部の出場者九人のうち、女性は六人で、男性よりも多かった。

和美、松山美枝子、豊田（のち森山）ゆり子、皆吉佐代子、石岡春代、上村リカである。和美が三十八歳、皆吉は三十九歳、豊田は三十六歳、上村は三十六歳、松山は三十二歳、石岡は三十歳と全員が三十代だった。のちに奄美の島唄界を支えることになる大御所が、このときすでに大会の出場者として顔を揃えていたのである。

なかでもキャリアが長かったのは、上村リカであった。

上村は笠利町用安の生まれ。築地が優勝した第一回奄美民謡新人大会からコンクールの常連だっ

た。第一回から第四回までは毎回最高賞の次点に当たる奨励賞、第五回では特別賞と高く評価されながら、最高賞には恵まれなかった。

　この大会が奄美民謡大賞に改称されてからも出場し続けたが、そこでは一度も入賞には至らなかった。原因の一端は、上村の独特な性格にあった。

　島唄に関しては、人の心を揺さぶるほど感情のこもった唄を歌える数少ない唄者で、誰もがその才能

25歳の上村リカ

を認めていた。よくコンビを組んだ築地は上村を、

「天才」

と呼び、その才能に嫉妬を感じるほどいとおしんだ。

上村は気性が激しく、気に食わない人間が近くにいると聞こえよがしに悪口を言った。よく標的になったのが坪山だった。坪山の姿が見えると、大声で、

「あの坪山のヘタクソが」

などと言い出す。坪山は、

「またはじまった」

と苦笑いしながら、

「でも、あれで、唄がいいからなあ」

と聞き流していた。悪口を言われた当人も、つい許してしまうほどの唄者だったのである。

上村の才能を評価していた築地と小川は、一度二人で組んで上村の歌会を企画したことがある。和美も店でチケットの販売を手伝った。

当時の奄美では、国政選挙のときに必ず徳田虎雄と保岡興治の一騎打ちが話題になった。上村は徳田に肩入れしていて、島唄大会ではよく「くるだんど節」に乗せて、

「とくだ〜〜とらお〜〜」

と、応援歌を歌っていた。会場はそのたびにザワついた。

築地と小川は歌会の一週間くらい前に、

「選挙に関する唄は歌わないように」

と、念を押した。すると上村は、

「自分はそのためにこの話に乗っているんだから、それがダメならもうやらない」

と、言い出して、テコでも動かない。上村の性格をよく知っている築地は、

「ああ、そうか、それならやめよう」

と、すぐにあきらめた。

昭和五十四年（一九七九）四月三日の南海日日の連載「私と島唄」第二十八回に、上村が登場している。上村が第五回奄美民謡新人大会で特別賞を受賞したときの記事で、その島唄歴をこう簡単に紹介する。

「上村さんは小さなときから祖父母に育てられたために、島唄を子守唄のように聞いて育った。

幼い日、寝入りばなの彼女の耳もとで、祖父が歌ってくれた「いんみやんみ」の節回しを、今も忘れることはできない。

学校を終え、一時、神戸に出たことがある。そのころ、異郷でたまたま耳に入ってきた島唄ほど、彼女の胸をゆすったものはなかった。

神戸から帰郷、名瀬に住むようになってから、ますます島唄への情熱はかきたてられた。その時分、とくに影響をあたえた人に祖父の妹に当たる山下キツさんがいた。

上村さんは女性ながら、三味線の名手としても聞こえ高いが、これは誰からも特別に習ったものではないという。唄を歌っていると無性に三味線が弾きたくなり、唄にのって自然に曲が流れてくるのであった。まさに天才肌とはこのような人をいうのであろう」

上村がこの大会で歌ったのは「請くま慢女節」だった。慢女とは遊女のことであるが、この唄はふつう、

請くま慢女ちば　　請くま慢女は
あがしがれ美らしゃる女子　　あんなにまで美しい女性
居しりば露ぬ滴りゅり　　座れば露が滴り
立てれば水ぬ滴りゅり　　立てば水が滴る

という歌詞で歌われる。上村はそれを、

請くま慢女ちば
島中ぬ寝敷きどなりゅり
一千ぎんがで持たすな
林前織主

請くま慢女は
島中の寝敷きになっている
大金を払わないで
林前織主

と、歌った。「島中ぬ寝敷き」とは、請くまの遊女という側面を露骨に押し出した歌詞だが、この歌詞を民謡大会で歌ったのは、おそらくあとにも先にも上村だけだろう。

こうした歌詞をステージで平気で歌ってしまう女性だったのである。

昭和五十年の第一回奄美民謡新人大会から毎回続いてきた上村のコンクールへの出場は、第四回奄美民謡大賞を最後に途切れる。和美が大賞を受賞した第五回大会の参加者名簿に上村の名はない。この年から上村は、毎年歌ってきた恒例の奄美まつりの民謡大会にも参加しなくなる。

築地と上村、大浜で／昭和 54 年 4 月 15 日、南海日日新聞

平成二年（一九九〇）十月、上村は築地とともに渋谷ジァン・ジァンに出演し、四十五分間にわたる伝説的な歌掛けを展開して観客の度肝を抜いたが、その後はほとんど音沙汰がなくなる。

上村の唄のファンはたくさんいたが、その破天荒な性格は年とともに歯止めがかからなくなっていった。まっ昼間から三味線をかき鳴らして大声で歌うので、さすがに近隣の住民から苦情が殺到するようになった。上村はやがて名瀬の街を去り、島唄の表舞台からも姿を消す。

上村が抜けたあと、奄美の島唄界に空いた穴を埋めるような形で登場したのが和美だったのである。迫力という点で、上村と和美を比較する人も多かった。

「はじめて和美さんの唄を聞いたとき、ようやく坪山、築地の力量に見合うパンチのある唄を歌う女性が出てきたという感じがした」

と語るのは、奄美郷土研究会事務局長の山岡英世である。

関西奄美会のパーティーで和美の声を聞いたとき、

「面白いことになる」

と思った坪山の直観は、間違ってはいなかったのである。

第六章　「かずみ」開店

店探し

「かずみ」の開店は、昭和五十七年（一九八二）七月二十一日である。

うどん屋「万来」を閉めたあと、和美は新しい店を持ちたいと思っていたが、当時はカラオケ全盛で、屋仁川はどこに行ってもカラオケスナックばかりだった。和美はカラオケではなく、島唄を歌える店がほしかった。

その頃は三味線を弾きたくても、家では「やかましい」と言われて弾けない男たちがたくさんいた。そういう男たちがいつでも遊びに来られるような店があればいいと思っていた。彼らが周囲を気にせずに三味線を弾くことができ、それに合わせてみんなが歌い、自由に歌遊びが楽しめる店である。

新しい店舗を探していたある日、築地がやって来て、

「いいところに空き家があるよ。いまはガラクタが山積みになっているゴミ屋敷だけれど」

と教えてくれた。さっそく行ってみると、名瀬の繁華街のはずれの賑やかな場所ではあったが、本当にゴミ屋敷だった。築地が、

「家主はそこの米屋だから、貸してもらえるかどうか聞いたらいい」

と言うので、さっそく訪ねてみると、おばあさんが出て来た。事情を話すと、

「あそこは夜逃げされたところだ。もし貸すとなったら、前の住人が未払いのままにしている電気代やガス代を、全部こっちが払わなければならない。だから、貸せない」

と言われた。

あきらめ切れなかったので、何度も通って必死に頼み込んだ。

家主は子供がおらず、相続人となっていたのは姪だった。家主は和美のような若い女性がきちんと家賃を払えるのかということが一番気がかりなようだったが、姪がたまたま築地の同窓生で、

「ばあちゃん、あの築地さんが後ろにいるのなら、絶対に大丈夫だよ」

と太鼓判を押してくれた。おかげでおばあさんも、

「この子のしつこさには負けたよ。ちょっと頑張らせてみようか」

と、ようやく首を縦に振ってくれたのである。

さっそく、空き家を改装して店舗にしたが、歌遊びがしやすいように、厨房から客席全体が見渡せるような設計にした。それ以来、「かずみ」は現在まで五回ほど改装したが、店の基本的な構造は開店当時のままである。

店舗ができて間もなく、厨房のステンレスの張り方があまりに雑なので、カウンターに座ってい

た築地に、何気なく、

「このステンレスやった人、下手くそだよね。まるで素人の仕事みたい」

と言ったら、

「俺がやった」

という返事が返ってきた。

とんだ藪蛇であったが、築地はクリーニング屋をはじめ数種類の職業の免許を持つほど器用な人間であったにもかかわらず、島唄以外はどれもあまり熱心にはなれず「器用貧乏」を自称していた。

店舗は完成したが、肝心なのは料理である。小料理屋をやると決めてはいたが、正直商売ができるほどの料理の腕はなかった。給食センターにも勤務していたし、うどん屋もやったが、給食センターでは面倒なことはすべて機械任せで、下ごしらえなどの細かい仕事まで自分でしたことはなかった。うどん屋も面倒な仕込みなどはなく、汁と麺があればなんとかなった。料理をはじめたのは口之島の小学校の頃からだったから、料理歴は人並以上に長かったが、プロの料理人として経験は皆無だったのである。料理は店をやりながら学んでいくしかないと腹を決めた。

開店

最初はカレー屋としてスタートすることにした。昼夜営業で、昼間はカレー専門店、夜は居酒屋である。まずメニューをカレー一本に絞り、それから少しずつ勉強して品数を増やしていこうと思ったのである。

最初の頃の昼の客は、近所のNTTや県庁、市役所の関係の人が多かった。当時はまだ近隣に弁当屋や総菜屋がなかったので、手軽に昼ごはんが食べられる店としてけっこう重宝されていた。出前もやっていたので、外からの注文も多かった。

夜の食材を昼用に加工しながら、昼夜営業を二十年間続けた。毎日夜中の三時頃まで店を開けていたので、顔はいつもパンパンに腫れ上がっていた。

夜は居酒屋とはいえ、最初の頃はいまのように島料理だけを出す店ではなく、ふつうの飲み屋だった。酒も黒糖焼酎ではなく、サントリーの「角」などのウイスキーばかりを置いていた。店で黒糖焼酎を出すようになったのは、平成の焼酎ブーム以降のことで、それまでは島で焼酎を飲む人は少なかったのである。

「当時の「かずみ」は、酒は好きだが屋仁川が嫌いという人が行く店だった」

と語るのは、開店当時の様子を知る古本屋「本処あまみ庵」の店主、森本眞一郎である。

開店当時の「かずみ」は、まだ島外の観光客が来るような店ではなく、客の大半はシマッチュだった。

「当時は静かに飲みたい、島の雰囲気が好きという人たちが集まった。カラオケがなくて、郷土料理がある。運が良ければ、歌遊びがはじまるという店だった」

森本は、長い本土生活と一年間の東南アジア旅行を経て、「かずみ」が開店する数年前に奄美に戻ったばかりだった。帰ってみると、親類で、島唄をはじめた頃から知っていた築地が日本一になっていた。それに刺激されて、森本も島唄を習いはじめた。

築地に刺激されたのは、森本一人ではなかった。築地の快挙は、間違いなく島の島唄人口を増やしていた。

しかし、当時は島でも島唄を気軽に聞きに行けるような場所はほとんどなかった。名瀬で島唄といえば、ひと昔前まではもっぱら屋仁川の飲食店で芸者が歌うもので、それなりの店に行かなければ聞けなかった。集落には素晴らしい唄者が何人もいたが、集落の歌遊びは見世物ではなかったし、そういう唄者は皆本職があり、島唄で食べている人はいなかったので、奄美まつりの島唄大会のような特別な機会でもなければ聞くことができなかった。

ふつうの人が気軽に島唄を聞きに行けるようなスタイルの店は、「かずみ」がはじめてだったのである。

開店して間もない頃、「かずみ」では店の目玉の一つとして、週末に坪山と築地を交互に招いて歌遊びを催していた。二人はそれぞれに個性があるので、一緒に招くことはしなかったが、日本一の築地と島一番の坪山の唄を身近で聞けるということで店を訪れる客も少なくなかった。

「かずみ」が開店した頃は、ちょうど和美がコンクールに本腰を入れはじめる時期とも重なっていたので、一緒に出場していた仲間たちが練習場代わりによく訪れていた。

龍郷町安木場からは、久米照和が来た。和美よりも数歳年下で、「かずみ」が開店した当時は、まだ三十代後半だった。少年時代の一時期を神戸で過ごし、二十歳前後にシマに戻ってから、歌遊びでよく歌うようになった。その後、鹿児島で十年ほど過ごしたとき、笠利出身の唄者、森田照

石岡春代（平成４年頃）／提供セントラル楽器

松山美枝子、右は森沢信弘。「吟亭」にて（平成19年）

『上村藤枝傑作集』（昭和46年）のジャケット／セントラル楽器

史が経営するスナックで泊忠重の島唄を聞いて感激する。シマに戻ると八月踊りのリーダーを務めた。柔らかい三味線で、「花染め節」を歌わせたら絶品だった。

松山美枝子も毎日のように姿を見せた。松山は当時、ちょうど生まれジマの須野から名瀬に移ったばかりで、兄が経営する洋菓子店「フランドール」の看板娘として働いていた。店が閉まると「かずみ」にやって来ては、歌遊びをした。松山は上村藤枝を師と仰ぎ、そのテープを擦り切れるほど聞いていたので、歌い方が上村にそっくりと言われることも多かったが、尊敬していたのでまったく気にしていなかった。上村もまた松山が弟子であることを自慢していた。

石岡春代も開店当時からの常連だった。石岡も十代の頃から上村藤枝のテープで島唄を覚えたが、成人してからはレコードで武下や坪山の唄も聞くようになっていた。阿世知幸雄に三味線をつけてもらって練習するうちに、薦められてコンクールに出場するようになったが、ちょうど子育てのまっ最中で、歌遊びとの両立に苦労していた。

開店から数年すると、中田和子も島唄好きの夫とともによく店を訪れるようになった。中田が島唄をはじめたのは遅く、民謡大賞に出場するようになったのは、和美が大賞を受賞した年からだったが、阿世知幸雄と知り合ってからはとくに島唄に打ち込むようになり、やがて阿世知三味線教室の看板唄者として活躍するようになった。

中田和子、右は阿世知幸雄／セントラル楽器『中田和子傑作集』（平成８年）のジャケットより

歌遊びは飲み客がいなくなった夜中にはじまることが多かったので、「かずみ」に長く通っている人でも、店で歌遊びをやっていることを知らない人がけっこういた。客層や時間によって、いろいろな顔を持つ店だったのである。

島料理

店で島料理を出すことにしたのは、せっかく島に来て、島唄が聞けることを売りにした店を持ったのだから、客をもてなすのも島料理がいいだろうと思ったからだった。島唄を知りたいと思うのと同じように、島の料理も知りたいと思うのは、和美にとって自然なことだった。開店して五年くらいは、島の料理を知るためにあちこちの集落を訪ねて料理を勉強した。

なかでもよく通ったのが、笠利である。笠利には良質な食材が豊富にあった。特に八月終わりから秋にかけて行われる八月踊りや、豊年祭などの集落のお祭りには必ず顔を出した。

八月踊りは旧盆の三八月と呼ばれる行事のときに踊られる踊りで、チヂンと呼ばれる太鼓の伴奏だけで、集落ごとに住民が歌いながら踊る。三八月はアラセツ、ドンガ、シバサシと三つの時期に分かれるが、踊りが踊られるのはアラセツとシバサシのときである。

かつては夜を徹して踊ったといわれるが、いまでは踊るのはどこの集落も夜間の数時間だけだ。ヤーマワリといって集落の家々を一軒ずつ訪れ、家の前や庭先で踊るのである。家では踊りの集団を迎えるため、食事を用意する。家によって得意料理があり、八月踊りのときはそのつくり方を家の人に聞いたりすることもできた。

八月踊りの唄は島唄との関係も深く、多くの歌詞を島唄でも歌うことができる。八月踊りは、和美にとって唄と料理の両方を勉強できる貴重な機会だった。

歌仲間の松山美枝子の実家が須野で民宿を営んでいたので、松山の母親からはよく料理を教えてもらった。集落の八月踊りの唄をリードする「打ち出し」を担当するほど唄に詳しい人だったので、料理だけでなく、唄についてもたくさん教えてもらった。

八月踊りは須野のほか、佐仁、平、喜瀬、大笠利、辺留などの集落にも通い、一緒に歌い踊るかたわら、料理の調理法を尋ねて、レパートリーを増やしていった。当時は、シマ独自の食材でつくる料理がまだ豊富に残っていたのである。

笠利の砂浜に生えるハマボウフウという植物があって、昔はそこら中に生えていて、よく採れた。おいしいので、皆が根こそぎ持って行ってしまったせいか、だんだん採れなくなり、いまでは希少植物になってしまっている。

シロナという海藻もあった。正式名称はクビレオゴノリやユミガタオゴノリといい、海辺で採るときには白っぽいが、さっと湯がくと鮮やかな緑色になる。シャキシャキとした歯ごたえのある海藻で、味噌で食べたりしていたが、海岸の埋め立てや護岸工事が盛んになってからはすっかり採れなくなった。

護岸工事のせいで姿が見えなくなったのは、ウニも同様だった。昔は海に入って足元を探せば、ごろごろと見つかったものだった。モズクなども旬の季節に行くと、簡単にゴミ袋三つ分くらいは採れたが、いまでは珍しくなった。

奄美の郷土料理である鶏飯のつくり方も、奄美に来てから覚えた。シンプルな料理だが、最初はなかなかコツがつかめなかった。築地が赤木名にある鶏飯発祥の店「みなとや」の鶏飯が好きだったので、一緒に行って、こっそり小さなジュース瓶にスープを入れて持ち帰り、いろいろ研究したこともある。さまざまな試行錯誤を経て、ようやく納得のいく味に辿り着いた。苦労の甲斐あって、和美のつくる鶏飯は、食べた人が口をそろえて、

「これを食べたらほかの鶏飯は食べられない」

と言うほどの逸品になった。

夜におまかせ料理だけを出すだけの店になってからは、店で常時鶏飯を出すことはしていないが、昼に定食屋をやっていた頃、店頭の扉の横に掲げていた看板のメニューのトップは鶏飯であった。文字通りの看板メニューである。いまでは五人以上の予約注文があればつくる、いわゆる裏メニューになっている。

シマジマをめぐって食材を訪ね歩いていると、知らないうちに各々のシマの特徴や歴史に関する知識なども身に着くようになった。島料理を学ぶ経験を通して、少しずつ島唄のバックボーンのようなものに触れ、島唄がシマの生活の中から生まれたものであることが実感できるようになってきた。それがわかると島唄を歌うのがいっそう楽しくなった。

思い出のマジウジ

「かずみ」は街中の店なので、堅気の客ばかりが来るわけではない。最初の頃は、ヤクザもよく出入りしていた。

あるとき、そんな連中が二、三人で、大声を上げながら店内で暴れだしたことがある。

「出て行かんか〜い」

と大声で怒鳴って出刃包丁を振り下ろすと、相手はさすがに驚いて静かになった。繁華街で商売をするには、そのくらいの気合いが必要だった。

なにしろ、「かずみ」には表口だけで裏口がない。台所の奥は行き止まりで、何かあったときに逃げ場がないのである。入り口から危ない客が来ても、相手が先に出て行かないかぎり、自分は外には出られない。だから、怖い思いはたくさんしてきた。

古仁屋にマジウジというヤクザの親分がいた。本名を清真島という。

西古見の年配の女性たちから、マジウジがいかにいい男で、いかに肝っ玉の据わった親分かという噂をたくさん聞いていた。いまは土建会社を経営しているが、昔はヤクザで、世直しをした情に厚いいい男だということだった。女性にもモテるので、いろいろな噂も耳に入ってきた。

一度会ってみたいと思っていたら、開店して五、六年経った頃、ひょっこりと店に現れた。

先に座っていたヤクザに、

「おまえらね、ここはうちのシマの子がやってるんだから、なんか粗相があったら承知せんぞ」

清真島／提供　奄美興発

と釘を刺すと、相手はビビッて、

「いや、親分、大丈夫です。うちらは島唄が好きで来てるんです」

と答えた。マジウジが現れてからは、ヤクザの出入りも少なくなった。

マジウジは瀬戸内町の清水集落の出身で、島唄がうまかった。ニューグランドから森チエの囃子でレコードも出していたし、親子ラジオで清水の島唄が取り上げられたときには出演したこともある。「かずみ」に来たときも、必ず三味線を弾いて歌った。柔らかい声で歌われる島唄は渋く、独特な魅力があった。

もともと小柄な人だったが、「かずみ」に来た頃には、糖尿病を患っているということで、ますます小さくなっていた。和美はそれまで耳にしていた数々の〝武勇伝〟から、相撲取りのような大男を想像していただけに、意外だった。

「糖尿だから酒は飲めない」

と、いつもお茶だけを飲んで帰っていった。屋仁川に店を持たせている女性がいて、その店を訪ねに来ているという噂だった。

別れ際に厨房にやってくるので握手をすると、こぶしの中に折り曲げた一万円札が入っていた。

「いいんですか」

と聞くと、

「うんうん」

と頷く。来れば必ずこんなふうにチップを渡した。

清真島については、中村喬次の『南島遡行』やルポライターの佐野眞一の『沖縄 だれにも書かれたくなかった戦後史』に詳しい記述がある。それによれば、清は大正八年（一九一九）の生まれ。昭和二十四年（一九四九）に米軍払い下げのＬＳＴ（上陸用舟艇）で密航して沖縄に行き、沖縄ヤクザ界にその名を馳せた。喧嘩がめっぽう強く、沖縄では誰からも一目置かれる存在であったが、奄美が本土に復帰した翌年に沖縄から追放されて奄美に戻った。

中村は清を「マジアニョ」と呼び、こう語らせている。

「那覇には後輩連中がたくさんおって、わしに来いと、しきりに呼んでおった。あの頃わしは三十だったが、元気があった。

みんないろんなことしおったから、ユスリタカリじゃないけどね、そういう連中には、いろんな仕事があるんですよ。人にいじめられてどうにもならないのを仲に入って解決したり、飲み屋料亭なんかがね、事あるごとに頼みにきよった。そういうところからお祝儀をもらったりね。けっこう収入があったですよ。（……）

密輸専門に商売している連中のトラブルがよくあった。そういうときわしが仲へ入って取り立てる。（……）まア、人助けもしたが、泣かしたこともあるわけよ。

定職のない島の者が頼ってくれば、家を世話したりね、わしが面倒見がよかったから島の者が寄ってきたんじゃないだろう、あの頃わしは強かったから。ハタチの頃から、とにかく、けんかが好きで、人の目ン玉を見たら必ずけんかするもの、としか考えなかった。ふつう、人のよけて通る道とか、騒々しい危険なところに、なるべく入って行きおった。（……）

組員はたくさんおったが、いつも一緒にいたのは二十人くらいだったかね。その幹部連中も、ほとんど死んでしまった。殺されたのが多い。（……）年をとって、恥をかきながら生きている者は、わしぐらいのもんだよ、イヤ、ほんと。

那覇では、むかしの那覇料亭、沖映通りから十貫瀬、それからニュー・パラダイスの近く、与儀にも家を持っておったな。全部わしの縄張りだった。（……）

あの頃は、いつも命を張って生きていた。人間は一つしか命はないんだから、どうして怖がる必要があるか、と自分にいいきかせておった。沖縄の連中を寄せつけなかった。大島人は、一般的には、沖縄の連中にバカにされておったな。なにか大島を文化のおくれた貧乏人ども、と考えておったようだ。わしらに対しても、腹の中は同じじゃなかったかな。だがわしら、そんなことへとも思わなかった」

中村の少年時代、マジアニョの名前は泣く子も黙る圧倒的な迫力を持って、子供たちの遊びの中にもたびたび登場したという。

「沖縄におけるハデな出入りの数々が風船のごとく誇張されて次々と伝えられた。中には架空のデッチ上げもあったろう」

しかし真偽とは関係なく、子供たちはその義賊伝説に酔った。それは「西古見のおばさんたち」の耳に届き、和美のもとにも伝わったのである。中村が記したマジアニョのプロフィールには、「マジアニョは身長百六十余センチ、体重七十七キロ。三味線としまうたがうまい」とある。

第七章　旅する島唄

奄美を発見する沖縄

マジウジもそうだが、奄美と沖縄との関係には外からはうかがい知れない深さがあった。それは唄でも同じだった。

奄美と沖縄は言葉の上では同じ琉球諸語に属し、島唄の詩型も五七五七七ではなく、八八八六の琉歌調を基本とする。

十八世紀末から十九世紀初頭にかけて編纂された、現存する最古の琉歌集の一つである『琉歌百控』には、奄美大島の唄と関連する歌詞が数多く記載され、沖縄芝居の「歌劇」には、「行きゅんにゃ加那節」や「徳之島ちゅっきゃり節」などの奄美の島唄が登場する演目もある。

十八世紀に成立したといわれる「上り口説」には、「旅ぬ出立ち観音堂」と首里観音堂を出発し、道の島々を北上して、「富士に見まごう桜島」と鹿児島に至るまでの情景が詠み込まれ、沖縄と奄

上原直彦（令和元年）

美の往来の活発さをうかがわせる。

しかし戦後の占領政策は、両者の関係を疎遠にした。奄美が本土に復帰した昭和二十八年（一九五三）から、沖縄が復帰する昭和四十七年（一九七二）までの十九年、沖縄と奄美は相互の行き来にパスポートが必要な異国になる。

戦後、奄美の島唄が沖縄のメディアで紹介されたのは、おそらく昭和四十六年（一九七一）の「芸能バラエティーふるさとバンザイ」というラジオ番組が最初だろう。この番組の収録のために、琉球放送のディレクターであった上原直彦ははじめて奄美を訪れた。

上原は、それまで沖縄のラジオ番組では取り上げられなかった八重山民謡や宮古民謡を積極的に電波に乗せ、「先島放送局」の異名を取ったディレクターだった。

奄美の島唄についてほとんど予備知識のなかった上原は、番組のリハーサルのとき、はじめて武下和平の歌声を聞いて仰天する。

「声も大きいし、風格も堂々としている。こんな歌い手がいるのか」

同じ琉球弧の中で、まったく新しい発見をしたような衝撃だった。

奄美滞在中は、夜な夜な森チエが経営する「お食事どころ千枝」に通って、島唄について学んだ。とくに惹かれたのが、ほかならぬ「島唄」という言葉だった。沖縄では聞いたことがない言葉だったのである。

「いい言葉だ」

と、帰ってから興奮して会う人ごとに話した。

さっそく自分が新しくDJを担当する民謡番組のタイトルにこの言葉を使い、「語らびや島うた」と命名した。「島唄」という言葉は、この番組をきっかけにウチナーンチュのあいだに広がり、市民権を獲得した。The BOOMのヒット曲「島唄」も、上原が奄美に行かなければあり得なかった歌だったのである。

昭和四十八年（一九七三）、奄美島唄はしばしば沖縄のラジオ放送でも流れるようになった。中村喬次の仲介で、セントラル楽器が沖縄の放送局である琉球放送と極東放送に自社の島唄レコードを贈ったのである。二つの放送局が島唄を流しはじめると、リクエストが相次いだ。なかでも坪山の「傑作集」に収録されていた「送れ節」は、なぜか沖縄のジャズファンのあいだで、

「これぞ本物のジャズ」

と大変な評判になった。

昭和四十九年（一九七四）、坪山は沖縄のテレビ番組「民謡歌合戦」に出演し、上原や大工哲弘などと親交を結んだ。上原は、坪山の魅力をこう語る。

「姿かたちは船大工のおっさんだけど、歌うときにちょっと首を横にして、恥ずかしそうに歌う。これがあの裏声にマッチして、色気があるなあ、と。決して美声ではないが、歌には人間が出るんだと思った。あの人は船大工だから、いろいろな人と出会っている。偉そうな人ではなくて、実生

活をしている人たちとね。その庶民性が色気になって出て来るのかな」

昭和五十年(一九七五)、坪山は島尾敏雄ミホ夫妻の作品にもとづくＮＨＫドラマ「あの夏の今は」の中で「かんつめ節」を歌い、全国にその声を響かせた。

島唄、沖縄へ

昭和五十一年(一九七六)には、はじめて沖縄で奄美島唄の大規模な公演が行われる。沖縄奄美連合会が南日本商業新聞社とタイアップして発刊した『奄美の民謡と民話』の出版記念として企画された奄美民謡大会で、八月一日に開催された。

司会は小川学夫、出演者は大島から南政五郎、上村藤枝、吉永武英、坪山豊、泊忠重、豊田トミ、築地俊造、沖縄在住の大山綱安、山田一誠、徳之島の広田勝重、沖永良部の撰ヨ子と奄美群島各島の名人が並んだ。

沖縄奄美連合会の荒垣会長は開会の挨拶で、

「沖縄で本格的な奄美民謡を聞く機会ははじめてで、これほど多才な顔ぶれの出演は郷土奄美でも例がない」

と誇らしげに語った。

『奄美の民謡と民話』(昭和51年)

沖縄奄美連合会主催の民謡大会は翌年にも行われ、前年の出演者である南、坪山、築地に武下和平を加えた総勢十四人の唄者が出演し、地元からは沖縄民謡の国場盛信、宮古民謡の国吉源次、八重山民謡の大工哲弘が特別出演した。

このとき、那覇まつりで奄美島唄を聞いた印象を、沖縄のエッセイスト兼録音技師の宮里千里は、一九九九年六月二十二日に南海日日に掲載された「里国隆という存在」というエッセイの中でこう書いている。

「初めて聞いた奄美の島うたライブは、那覇まつりが行われたイベントの場で、坪山豊さんと築地俊造さんのお二人が出演していた。その日は、折からの台風接近で開催が危ぶまれるほどの強風下だったのだが、二人はそれでも唄い続けた。

沖縄の古典音楽演奏は床に座ってのスタイルなのだが、島うたの場合はスタンディングの姿勢をとる。奄美は沖縄でいうところの古典音楽演奏スタイルであり、坪山さんと築地さんの舞台は立ったままの演奏であった。スタンディングで三絃を演奏するという行為は生易しくはない。（……）

それでも坪山さんと築地さんは不自然な姿勢のなかで唄った。腰のあたりに三絃の太鼓部分を立てて演奏するのが常なのだが、慣れない二人は、腰をかがめて太股に三絃を載せるようにして演奏していた。不自然な姿勢ゆえに、マイクの正面ではないところで発声せざるをえない。随分と窮屈なスタイルに、沖縄の島うたファンからは失笑がもれた。だが、二人の唄は失笑を打ち消し、あまつさえ、うならすほどにすごかった」

沖縄との交流は、奄美島唄に文字通り目に見える変化をもたらした。三味線の立ち弾きである。

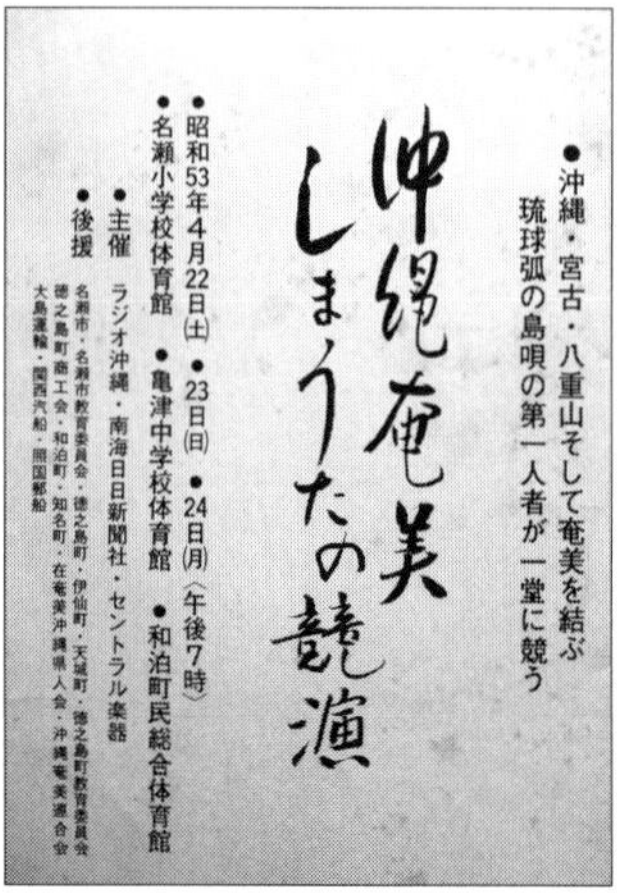

「沖縄奄美しまうたの競演」のパンフレット（昭和51年）

奄美島唄では歌い手や三味線奏者は座布団に座るのが伝統だったが、沖縄の唄者は立ち弾きが当たり前だった。いまでは奄美でも当たり前になっているこの演奏法は、坪山や築地が試行錯誤の末、奄美にもたらしたものだったのである。

　沖縄における奄美と沖縄の歌い手の共演はその後も増えていくが、奄美群島における両者の本格的な共演は、翌昭和五十三年（一九七八）四月の「沖縄奄美しまうたの競演」が最初だった。

　この大会は奄美大島の名瀬、徳之島の亀津、沖永良部島の和泊の三カ所を船で移動しながら行うという大規模なものだった。企画の中心となったのは、ラジオ沖縄業務局長の中園勝英だった。父が住用村、母が名瀬出身で、自身も中学三年まで奄美にいた中園の奄美への思い入れは人一倍強かった。大会前の南海日日のインタビューでは、

「沖縄に住む奄美出身者はもっと奄美のために考えてほしい。奄美も島唄などすぐれた面が多い。郡内の為政者は沖縄をはじめ外に向けてもっと強力に奄美を売り込むべきだ」

　と熱く語り、

「ここ数年ようやく沖縄と奄美の島唄の交流が芽生えた。奄美民謡沖縄大会にラジオ沖縄が出場させた沖縄の唄者の中から、奄美島唄の良さを知って、これを勉強したいという声が強まったのが

《沖縄・宮古・八重山民謡の第１人者が初来島》
沖縄・奄美島うたの競演
《奄美で聞ける沖縄各島の本格民謡》
玉城安定（沖縄本島）
国吉源次（宮古島）
大工哲弘（八重山）
嘉数徳雄（沖縄本島）
でいご娘（沖縄本島）
山内小夜（琉舞）
■奄美側出演者　○名瀬会場＝坪山豊・築地俊造・清正芳計・森チエ・豊田トミ・坂本久美子・岩切愛子
○徳之島会場＝広田勝重・福田喜和道大久保利明・坪山豊・築地俊造○和泊会場＝和泊民謡同好会（会長 朝戸国善）
■日時・会場・入場料　○４月22日 名瀬小体育館（¥1,000）　○４月23日 亀津中体育館（¥1,000）
○４月24日 和泊町民総合体育館（¥1,200）　※各会場午後７時開演
共催 ラジオ沖縄・南海日日新聞社・セントラル楽器
＊前売券発売中＊
（後援）名瀬市・名瀬市教育委員会・徳之島町・徳之島教育委員会・徳之島商工会・天城町・伊仙町・和泊町・奄美在住沖縄県人会・沖縄在住奄美連合会
（協賛）関西汽船・照国郵船・大島運輸

「競演」の新聞広告／昭和 53 年月 18 日、南海日日新聞

きっかけになった」

と企画の動機を説明した。

出演者は、沖縄側が沖縄民謡の玉城安定、四人姉妹の民謡グループ「でいご娘」、国吉源次、大工哲弘、三味線の嘉数徳雄、舞踊家の山内小夜。奄美側は会場によって変わり、名瀬公演では坪山、築地、清正芳計、森チエ、豊田トミ、坂元久美子、岩切愛子、徳之島公演では坪山、築地に徳之島の福田喜和道と広田勝重、沖永良部公演では沖永良部民謡同好会を中心に築地と広田が加わった。

主催にはラジオ沖縄のほか、奄美からは南海日日新聞社とセントラル楽器が名を連ねた。両社はこの大会を、奄美の人たちに沖縄の島唄を知ってもらう好機と考え、沖縄側の出演者の紹介に努めた。沖縄では奄美の民謡がラジオで流れるが、奄美は独自のラジオ局を持っていなかったので、数年前に奄美で興行した「でいご娘」をのぞいて、沖縄の歌い手はほとんど知られていなかったので

「八重山・奄美のうた会」のステージ。左から坂本久美子、坪山豊、大工哲弘／昭和 57 年 5 月 11 日、琉球新報

ある。

ただし、奄美群島の中でも例外があった。沖永良部島と与論島である。この二島は、沖縄のラジオ局の電波が届いていたのである。

那覇まつりですっかり奄美島唄の虜となった宮里千里は、このイベントでも全ての公演を追っかけた。沖永良部島公演について、宮里はこう書いている。

「奄美大島と徳之島での「沖縄奄美しまうたの競演」宣伝は、どちらかというと奄美の唄者中心であったような印象を受けたが、沖永良部では完全に逆転して、沖縄の唄者中心であった。奄美の唄者はツマの存在くらいであった」

沖永良部島は行政上は奄美群島の一部だったが、ラジオ放送が形成する文化圏では完全に沖縄の一部だったのである。

琉球弧の歌に心酔した宮里は、四年後の昭和五十七年（一九八二）、久高島で琉球弧の唄者による「八重山・奄美のうた会」を企画する。会の趣旨にはこう書かれていた。

「久高島の先人たちは、北は奄美以北、南は八重山まで、大海原へ魚を求めて生活圏を展開してきた。そして一定の年月を経て、島へ帰ってきたが、その時に人々は奄美や八重山から島唄を土産として持ち帰ってきた。その唄が、今なお久高島に根付いている。いま、久高島で琉球弧の島唄会を催すのは、歴史的にも意義あることと考える」
奄美と沖縄はこの時代、異文化であり兄弟文化でもある互いの文化を発見しつつあったのである。

沖縄における奄美島唄

沖縄のミュージシャンとの共演は、和美が唄者としての活動を本格化させる一九八〇年代半ばも、毎年のように行われており、和美も坪山や築地と一緒によく招かれた。沖縄における奄美民謡への関心は高く、沖縄の歌い手が危機感を抱くほどだったという。奄美の唄者は基本的にアマチュアだったが、沖縄の歌手はプロだったのである。

沖縄における奄美島唄の普及という点では、昭和五十五年（一九八〇）にオープンした沖縄ジァン・ジァンの貢献も忘れられない。

沖縄ジァン・ジァンは東京の渋谷ジァン・ジァンの姉妹館として、昭和五十五年（一九八〇）に国際通りの三越前に開館した小劇場だった。

昭和四十四年（一九六九）に高嶋進がオープンした渋谷ジァン・ジァンは、日本のアンダーグラウンド文化の発信地となってきた小劇場だった。名前は高嶋の「フランスっぽいものを」というリクエストに応えて、ベルギー在住のピアニスト、宮沢明子が、フランス語の男の名前「ジァン」と、日本語の「お客がじゃんじゃん来るように」の意味を重ねて命名した。

沖縄ジァン・ジァンにおける最初の奄美島唄公演の出演者となったのは、石原久子と坂元久美子

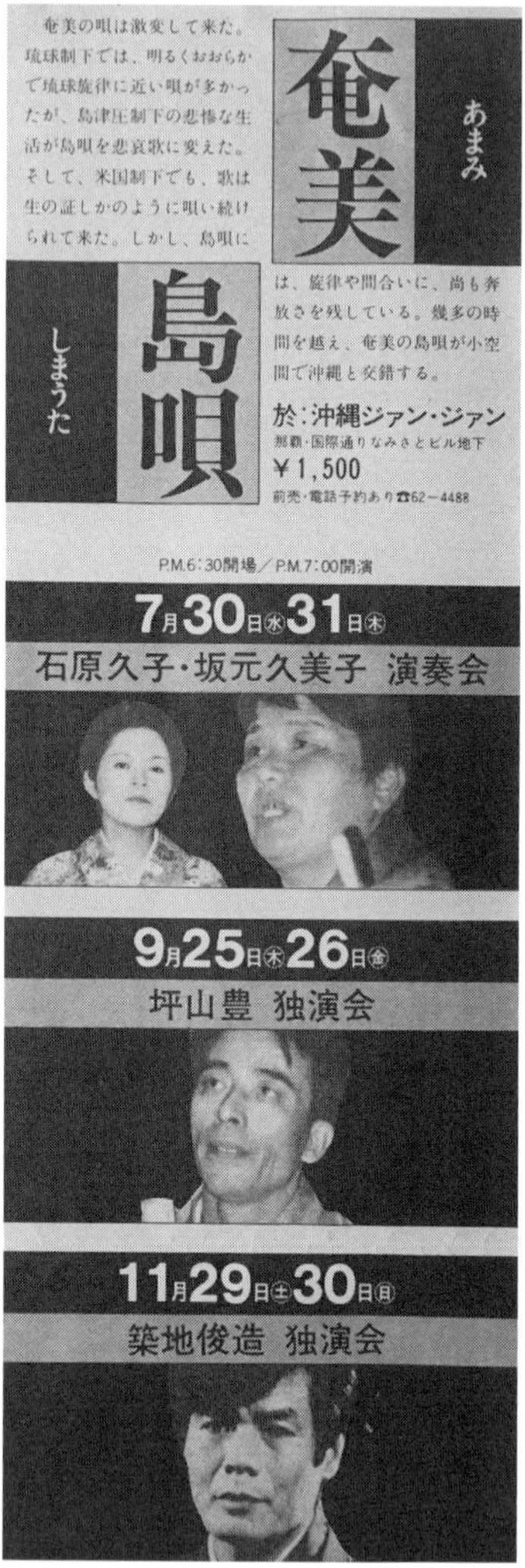
奄美の唄は激変して来た。琉球制下では、明るくおおらかで琉球旋律に近い唄が多かったが、島津圧制下の悲惨な生活が島唄を悲哀歌に変えた。そして、米国制下でも、歌は生の証しかのように唄い続けられて来た。しかし、島唄には、旋律や間合いに、尚も奔放さを残している。幾多の時間を越え、奄美の島唄が小空間で沖縄と交錯する。
奄美《あまみ》
島唄《しまうた》
於：沖縄ジァン・ジァン
那覇・国際通りなみさとビル地下
¥1,500
前売・電話予約あり☎62−4488
P.M.6：30開場／P.M.7：00開演
7月30日㊌31日㊍
石原久子・坂元久美子 演奏会
9月25日㊍26日㊎
坪山豊 独演会
11月29日㊏30日㊐
築地俊造 独演会

沖縄ジァン・ジァンで奄美島唄公演はじまる（昭和55年）

N55.9.27

唄者の驕り

〝幻想〟に酔う精神の貧しさ

中村　喬次

「客がいないのが最高…」

幻想と錯覚にまどう唄者

中村喬次「唄者の驕り」／昭和55年9月27日、南海日日新聞

であった。この劇場が開場した昭和五十五年（一九八〇）七月末のことである。

しかし、観客は三十人ほどしか集まらず、石原や坂元にとっては寂しい公演となった。公演後に石原が入場者の少なさを、

「唄者というものは、客次第ですよ。客が多いと、こっちも自然にノッテくる」

と、愚痴ったことに対して、中村喬次は南海日日に掲載された「唄者の驕り」というエッ

セイの中で、嘉手刈林昌などの沖縄の唄者を念頭におきつつ、本当の唄者とは客の多寡など歯牙にもかけず、

「最高にいいのは、客が一人もいないことだ。自分のためだけうたえるから、こんな気持ちのいいことがあるか」

と言う人だ、と皮肉っぽい論評を書いた。数日後、石原らをジァン・ジァンに紹介した小川学夫は、石原の発言の真意は、沖縄では一、二曲歌えばいいと思っていたのに、いきなり独演会だと言われて、ぶっつけ同然で舞台に出されたにもかかわらず、観客がまばらだったことに対する落胆を述べたものだ、と擁護するエッセイを載せた。

沖縄と奄美の交流は盛んになったが、まだお互いの文化に対する理解不足からさまざまな食い違いが生じていたのである。〝ラブコール〟が届かない不満は、奄美の方が大きかったかもしれない。

うたう立場　聴く立場
―その狭間から―
中村喬次氏の「唄者の驕り」を読んで
小川　学夫

小川学夫「うたう立場―聴く立場」／昭和5年10月18日、南海日日新聞

昭和五十八年（一九八三）五月、名瀬市中央公民館ホールで行われた「奄美―沖縄～詩と音楽のかけ橋」という催しのプログラムで、中村喬次はこう書いた。

「沖縄と奄美は、〈琉球弧〉共同体の一員である。にもかかわらず、沖縄は奄美

を、奄美は沖縄を十分に理解しているとはいえず、従ってその同族意識もなかみの濃いものとはいえない。それぞれが地元だけに自閉しているか、さもなければヤマトに向かって過剰に意識をひらいているかのどちらかであり、南北にひと連なりに連なるこの島同士の親近と受容は希薄である。島々は相変わらず近くて遠い」

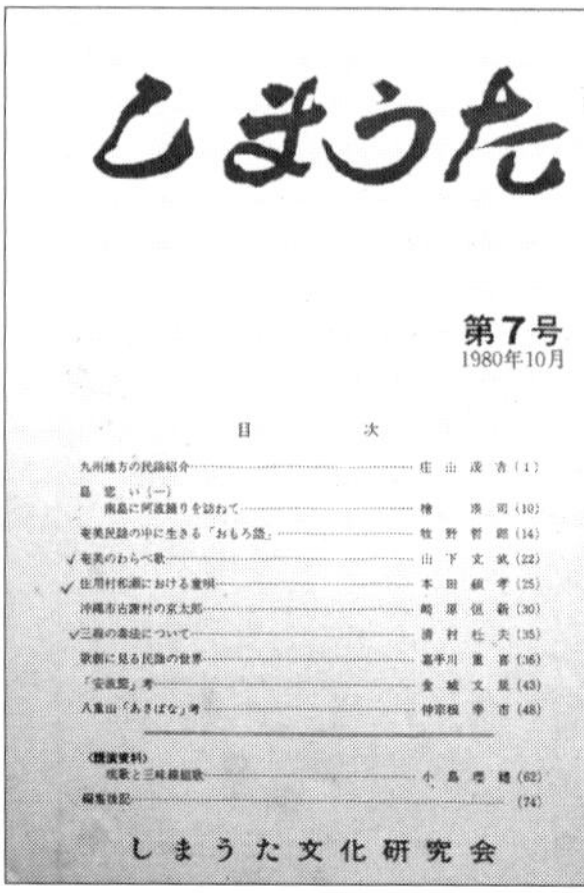

『しまうた』第7号（昭和55年）

沖縄ジァン・ジァンの島唄公演は、石原たちのあと、坪山と築地の独演会が続き、その後もさまざまな唄者たちが出演したが、和美の初出演は昭和五十八年（一九八三）五月、築地の相方としてであった。

沖縄では島唄研究も盛んになった。仲宗根幸一を中心に、昭和四十九年（一九七四）に「しまうた文化研究会」が発足し、沖縄民謡との比較研究が活発になった。沖縄本島だけでなく、奄美、八重山も含めた琉球弧全体の唄を対象にしたこの研究会は、奄美島唄の研究には特に力を入れ、機関誌『しまうた』の第二号を「奄美特集」とした。研究のみならず、「琉球弧島うたの祭典」など、独自の島唄イベントの開催にも積極的だった。

仲宗根は奄美在住の小川学夫を意識し、小川と関係のあるセントラル楽器からレコードを出していない唄者たちに、好んでスポットライトを当てた。結果として、「奄美民謡大賞」や「民謡日本一」とは異なる、より生活に密着した視点から島唄に注目することになり、奄美の唄者の層の厚さを浮き彫りにすることができたのは、大きな功績だった。

沖縄が本土に復帰してから十年ほど、特に七〇年代から八〇年代にかけての奄美と沖縄の交流には、まるで遠い昔に生き別れになった兄弟が再会したかのような熱気があった。双方がまだ互いをよく知らず、会うたびに新しい発見があるという幸福な時代だったのである。上原直彦はそれを、

「沖縄も奄美も、どちらも東京だけを向くようになる前の時代だった」

と言う。

「琉球」という言葉が、沖縄と奄美にとって、まだ「東京」という言葉以上の〝魔力〟を持っていた時代だったのかもしれない。

里国隆と竹中労

その頃、東京もまた琉球弧に熱い視線を注いでいた。

東京における沖縄音楽の発見の先駆けとなったのは、昭和四十九年（一九七四）と翌昭和五十年に日比谷野外音楽堂で行われた「琉球フェスティバル」である。

このイベントを企画したのは、当時左翼学生から絶大な支持を得ていたルポライターの竹中労だった。

第一回琉球フェスティバルには、嘉手苅林昌、登川誠仁、金城睦松、照屋林助、山里勇吉、国吉源次、大城美佐子、嘉手苅林次、饒辺愛子、大工哲弘、知名定男が出演した。いまでこそ〝そうそ

昭和 49 年の「琉球フェスティバル」のライブ盤 CD ジャケット／Rinken Records

うたる面々〃だが、当時本土ではまったくの無名で、野音の客席がどれほど埋まるか集客が危惧されたが、フタを開けてみれば五千人の聴衆で溢れた。

昭和五十年（一九七五）の第二回フェスティバルに、奄美から出演したのが里国隆だった。

里に出演依頼をしたのは、竹中であった。昭和四十四年（一九六九）に沖縄で里が歌う「島のブルース」を記憶にとどめていた竹中は、昭和五十年（一九七五）正月に沖縄で照屋林助のテープ・コレクションに復帰前の里国隆の声を発見して衝撃を受け、その年の七月三十日、里に会うために奄美を訪れる。

『奄美の哭き歌』のライナーノートに、竹中はこう書いている。

「うたの間に、これも謡うように半生を語りながら、夜は更けていった。私はまさに思っていた通りの芸を、文字を持たなかった島びとの歴史から、労働と恋愛から生まれた音曲を聴くことができた」

ところが、その日の深夜、竹中は傷害・公務執行妨害の容疑で名瀬警察署に逮捕され、二日間拘留される。毎日新聞はこの事件を、

「ハレンチ〃ゲバ〃リスタ竹中労が守衛殴る」

という挑発的な見出しで報道し、竹中について、

「東京のレコード会社の依頼で地元の歌手志願の女性を探すため三十日飛行機で名瀬市に来た。犯行については「身から出たサビ」といっている」

と書いた。竹中は雑誌『話の特集』(一九七五年十月号)に「続メモ沖縄―番外篇 事実経過・奄美大島で起こったこと」という文章を載せて、新聞の報道に反論した。いわく、奄美に来たのは里に会うためで、女性に会うためではない。新聞に載った犯行についてのコメントもデタラメで、名瀬署の刑事課によれば、毎日新聞から取材を受けたことはないという。たしかに自分は焼酎を三合ほど飲んではいたが、その程度で酔っぱらうような人間ではない。

「うたには酔っていたが、酒には酔っていなかったのです。念のため」

しかし、竹中の釈明にもかかわらず、この事件は「琉球フェスティバル75夏」に大きな影響を及ぼした。竹中の逮捕によってこのイベントが中止になったと思い込んだ人たちが大勢いて、前年五千人を動員した日比谷野音には千三百人しか入らず、公演は大赤字だったのである。

里は盛夏の日比谷野音で「朝花節」と「俊良主節」を歌い、数日後にテイチクレコードのスタジオで『奄美の哭き歌』を録音した。その録音を放浪芸の収集・発掘に取り組んでいた小沢昭一が「放浪芸の華」と絶賛し、里の人気は本土でうなぎ上りになっていった。

一九七〇年代から八〇年代前半に名瀬で暮らしていた人は、街のどこかで里国隆の姿を目撃している。永田橋界隈で筵の上に樟脳と空き缶を置いて歌っていたり、肩から三味線をぶら下げて、屋仁川で道弾き三味線をしていたり、とその姿はさまざまだ。

しかし、一部の音楽関係者を除いて、その芸は憧れの対象ではまるでなかった。子供の頃、里が

里国隆『路傍の芸』（平成 11 年）のジャケット／ JABARA

歌うのをじっと見ていたら、

「あれは乞食だから、聞いちゃダメ」

と母親から手を引っ張られたという人もいる。里に向かって石を投げる子供もいた。名瀬の街中で〝乞食《くじき》〟〝物乞《もれくゎ》い〟と呼ばれた男が、本土では竹中労のプロデュースによって尊敬され、神格化されていったのである。


昭和五十七年（一九八二）、宮里千里は那覇市平和通りの路上で歌う里国隆の芸を録音した。平成十一年（一九九九）に『路傍の芸』というタイトルで発売されるその録音が、里の最晩年の姿を捉えた貴重な記録になろうとは、宮里自身も思ってもみなかった。

三年後の昭和六十年（一九八五）、「沖縄ジァン・ジァン」における奄美島唄の十五回目の公演後、里は心不全を起こして急死する。遺体は沖縄で荼毘に付された。


竹中は里を探しに大島を訪問してから、幾度か奄美を訪れた。昭和五十三年（一九七八）八月には、その三年前に刊行した本のタイトルを冠した「琉歌幻視行」というツアーの一環で、学生やカメラマンなど二十五人を引き連れて沖縄から徳之島を経て大島を訪れ、名瀬で里国隆や坪山豊や森チエらの唄を聞いた。南海日日はそれを、

「島唄と焼酎にご満悦」

と少々皮肉っぽい見出しで報じた。当時、週刊誌の巻頭記事を担当する〝トップ屋〟として鳴ら

した竹中のマスコミにおける立ち位置は、生真面目な扱いが似合わないところがあったのである。

竹中は平成三年（一九九一）五月に肝臓ガンで死去するが、その年の一月にも名瀬を訪れ、里国隆の遺影が置かれた奄美グランドホテルの広間で、坪山、築地、当原、清正芳計、中野、貴島らの唄に耳を傾けた。かたわら、「島唄をメジャーなレコード会社でレコーディングし、奄美の唄をもっと全国に知らせるべき」と熱弁を振るった。最後の奄美、最後の島唄と自覚してのことだったろう。

告別式は行われなかったが、埼玉県川口市で追悼音楽会が開催され、奄美からは坪山、築地、当原、中野律紀が参加した。

最後の来島で貴島康男の唄を聞く竹中労（中央）／平成3年1月10日、南海日日新聞

島唄、アメリカへ

昭和六十一年（一九八六）、奄美島唄はアメリカに招待されることになった。招待と言っても、一度や二度のコンサートではない。ワシントンのスミソニアン博物館で行われる「アメリカン・フォークライフ・フェスティバル」という催しに、二週間にわたって出演するのである。

奄美の島唄、太平洋を渡る

名瀬の唄者3人

スミソニアン協会が招待

ワシントンで披露

6月末から民俗祭典

【大島】奄美の島唄（うた）が、アメリカの首都で披露される。スミソニアン協会の主催で六月下旬から始まるフォーク・ライフ・フェスティバルに招かれるもので、日本を特集する今回の民俗祭典に参加する民謡の部は島唄と秋田民謡だけという快挙。

渡米を報じる新聞／昭和61年4月18日、南海日日新聞

小島美子／渡米記念公演パンフレット（昭和61年）より

推薦したのは、当時国立歴史民俗博物館教授であった音楽学者の小島美子だった。

「今回のスミソニアン博物館の民俗文化祭には、プロの民謡歌手の歌う民謡ではなくて純粋の日本の民謡を招きたいのだが、という相談を受けて、私がまっ先に思い浮かべたのは奄美の島唄でした。

何故かというと、第一に、奄美の島唄はごく普通の人々が、普通の暮らしの中でその時その時の心をこめて歌う本当の民謡らしさを持ち続けているからです。ですから歌詞もその時にふさわしいものを選んだり、作ったりして歌うのでしょう。第二に、奄美の島唄は、それにもかかわらず、大変に洗練されていて、しかもダイナミックに訴えてくる魅力があるということです」

小島は派遣する唄者について、坪山と築地だけはあらかじめ決めていたらしい。もう一人、女性

の唄者をと考えていたが、誰がいいかわからず、名瀬にあった「浜の屋」という旅館に唄者を集めて歌遊びをさせた。島料理研究家の泉和子の母親が経営していた「浜の屋」は、当時歌遊びによく使われる、唄者には馴染みの場所だったのである。その会が実質的なオーディションになったらしい。結果として、和美が選ばれた。

島唄がアメリカに行くというのは、当時は大事件だった。

その年の奄美民謡大賞の広告には、

「国際的な活躍へ道」

という見出しとともに、

「六月に渡米する築地俊造、坪山豊、西和美さんらのように、日本を代表して国際的に活躍する道にもつながっている」

と誇らしげに書かれた。

渡米前の六月五日には、名瀬市中央公民館で南海日日新聞社の主催により、同社の創立四十周年記念企画として、「奄美島唄の饗宴—渡米記念三人会」というコンサートが開かれた。宣伝文にはこうあった。

「奄美の心・島唄が太平洋を渡り、米国の首都ワシントンで、奄美を代表する三人のウタシャが十日間にわたって実演することになりました。これはスミソニアン博物館が年一回、各

坪山豊、築地俊造、西和美さんの渡米記念

奄美島唄の供宴

6月5日　本社創立40周年記念で催し

南海日日新聞社は創立四十周年記念企画として来月五日午後七時から名瀬市中央公民館ホールでアメリカ公演を前にした坪内豊さん、築地俊造さん、西和美さんによる唄会「奄美島唄の供宴・渡米記念三人会」を開く。

三人の唄者は、ワシントン市で来月二十五日と七月二日からそれぞれ五日間にわたって日本の「稲作文化」をテーマに繰り広げられる「スミソニアン博物館フォークライフ」に参加、日本各地の伝統芸能や工芸に交じって島唄をアメリカで初めて披露する。

今回の唄会は、来月下旬の渡米を前にして、奄美民謡新人大会及び奄美民謡大賞の舞台を踏み、島内外で活躍する唄者三人のそれぞれの"世界"を、地元の島唄ファンにじっくり味わってもらおうというもの。当日の舞台構成や前売り券（千円）の発売日など細かい内容については近く決定する。

渡米前に三人会を開く築地、坪山、西氏（写真左から）

渡米記念「奄美島唄の饗宴」／昭和61年5月9日、南海日日新聞

渡米記念公演のパンフレット（昭和61年）

国を代表する伝統工芸を紹介しているもので今年は西和美さん、築地俊造さん、坪山豊さんら三人のほか、全国の伝統工芸後継者三十五人が招かれました。三人は世界の文化生活展「フォークライフ」で島唄を披露します。島唄が世界の伝統的民謡として認知されたことは、かつてない快挙であり、郷土にとっても名誉なことであります」

渡米直前には東京のヤクルトホールで、奄美文化振興協会の主催による「島うたアメリカ公演前夜祭」と題するコンサートも行われた。小島美子は公演のプログラムにこう書いた。

「アメリカでも、上手に歌おうなどと思わずに、どうかいつものように、島の人々の心を歌ってきて下さい。島口のよく分からない本土の私たちを感動させてきたその歌は、外国人も必ず感動させるに違いありません」

開催直前に全国紙が取り上げたこともあって、コンサート会場には奄美出身者を中心に多くの観客がやって来た。和美をトップバッターに、築地、坪山と一人ずつ歌っていったが、築地が歌い終わったとき、人気歌手の岩崎宏美と岩崎良美が現れて築地に花束を渡すという一幕があった。

「二人のお母さんのスエさんが築地さんと同じ笠利町の出身という縁からです」

というアナウンスがあると、観客は驚いた様子で盛んに拍手を送った。

スミソニアンに向かう一行は、全員が出発前に東京に集められて、現地での生活について細かい指導を受けた。とくに注意されたのが洋式トイレやユニットバスの使い方である。

それでも、実際に現地に行ってみると、洋式トイレの便座の上にしゃがみこんで便器の外に排便してしまったとか、ユニットバスの外で体を洗って階下を水浸しにしたとか、いろいろな騒動があった。当時の日本の田舎では、まだ現在のように洋風の生活が浸透しておらず、しかも一行の大半は老人たちであった。

和美も国内の民謡大会で都会に行き、ホテルではじめてユニットバスを見たときは、使い方がわからなくて呆然とした記憶があったので、アメリカに行ってヘマをやる老人たちの気持ちはよくわかった。

アメリカン・フォークライフ・フェスティバル

三人が招かれたのは、スミソニアン博物館の「アメリカン・フォークライフ・フェスティバル」という祭典だった。二十年前から伝統文化の保存を目的に毎年開かれていたこのフェスティバルは、年によりプログラムが異なり、その年はジャパン・プログラムとテネシー・プログラムの二つだった。

会期は六月二十六日から七月六日までで、間に二日の休みが入った。テネシー州からもゴスペルやフォークソングの歌手や手仕事の職人たちが集まっていたが、その年はたまたまフェスティバルの二十周年記念ということで、プログラム以外に特別な音楽ステージが設けられ、カントリーやブ

「米文化」をテーマとしたアメリカン・フォークライフ・フェスティバルのパンフレット（昭和61年）

ルースやゴスペルの歌手などが代わる代わる登場した。

　ひとくちにスミソニアン博物館と言うが、一つの博物館ではなく、多くの施設の集合体である。スミソニアン博物館を構成するのは、フーリア美術館、芸術産業館、国立高級宇宙博物館、国立自然史博物館、国立アメリカ歴史博物館などという十数個の博物館と多数の研究所である。フェスティバルの会場となったのは、これらの博物館群が立ち並ぶワシントン記念塔とアメリカ合衆国議会議事堂のあいだにある広大な敷地であった。

　ワシントン記念塔の北側にホワイトハウスがあり、和美たちはその前にあるホテルに宿泊した。部屋は豪華だったが、困ったのが食事だった。

　朝食は毎日ホテルのレストランでとったが、バイキング形式なので勝手がよくわからない。会場に仲間がいればよかったが、三人とも起きる時間が違うので、お互いに尋ね合うこともできない。毎朝困ったのは、刻んだレタスがボウルに入れて置いてあるのに、肝心のドレッシングがどこにあるのかわからないことだった。仕方がないので、しばらくは何も付けずに食べていたら、あるとき築地から、

「近くのカゴに入っている小さなビニール袋がドレッシングだよ」

と教えられた。

坪山は洋食のバイキングが舌に合わなかったようで、

「あんなものばかり並んでいて、どうやって食べるんだ」

と不平たらたらであった。実際、口にするのは牛乳くらいだったらしく、滞在中はみるみる痩せていって、気の毒なほどだった。

一行の中には、カゴにたくさん入っている小さなプラスチック容器入りのコーヒーミルクを、一個ずつフタを開けて全部飲んでしまうようなツワモノもいたから、それに比べれば和美たちはまだ大人しい方だった。

夕食は毎晩立食パーティーで、和美はいつも紬を着て出席した。会場ではジャズバンドが演奏したりして賑やかだった。坪山はそこでもハプニング続きで、

「コーヒーを注文したつもりなのに、実際に運ばれて来たのがビールだった」

などと言って、その都度、

「おまえ飲め」

と和美に押し付けてきた。坪山も築地もアルコール類が飲めなかったから、こういうときに頼りにされるのはいつも和美だった。

アメリカに響く島唄

このフェスティバルで日本に割り当てられたのは「米文化」というテーマだった。日本のブースがある会場の一角には田んぼが設けられ、広島の「花田植（田囃子）」の実演もあった。その隣のブースでは、藁人形や藁細工、竹細工や染物、信楽焼、和傘や紙人形などのデモンストレーションが行われた。

子供向けのエリアには、和太鼓のワークショップや日本の伝統的な子供の遊戯などを教えるコーナーがあり、盆踊りも行われていた。折り紙や手毬、紙人形をつくるブースでは、餅や寿司、弁当などの実演があった。

和美たちが演奏した場所は、畳敷きの仮設ステージだった。近くにお宮や参道がつくられていたので、「シュライン・ステージ」と呼ばれていた。

到着したときにはステージはまだ完成しておらず、実際に完成したのはフェスティバルがはじまって数日経ってからだった。木材がむき出しになった、簡素なステージだった。

シュライン・ステージでの出し物は三種類あり、奄美の島唄のほかは秋田民謡と岩手の「黒森神楽」だった。この三つの演目が、プログラムで決められた時間通りに交代で登場するのである。出演する時間帯は毎日変わったが、一日一時間のステージを二回というノルマは変わらなかった。

屋外で椅子などもなく、目の前をただ群衆がぞろぞろと歩いて行く雑然とした環境である。そんな中で、「塩道長浜節」や「嘉徳なべ加那節」のような曲をいくら情感を込めて歌っても、観客はなかなか耳を傾けてはくれなかった。ただ、つまらなさそうな顔をして、和美たちを横目で見ながら通り過ぎていくだけである。築地が、

「アメリカではナチカシャは通用しない」

と言ったが、その通りだと思った。

その代わり、「ワイド節」や「六調」のようなリズミカルな曲のときは、みんな楽しそうに集まって来て、ステージにまで上って一緒になって踊った。ところが、そうした曲で困るのがチヂン（太鼓）だった。チヂンは和美の担当だったからである。

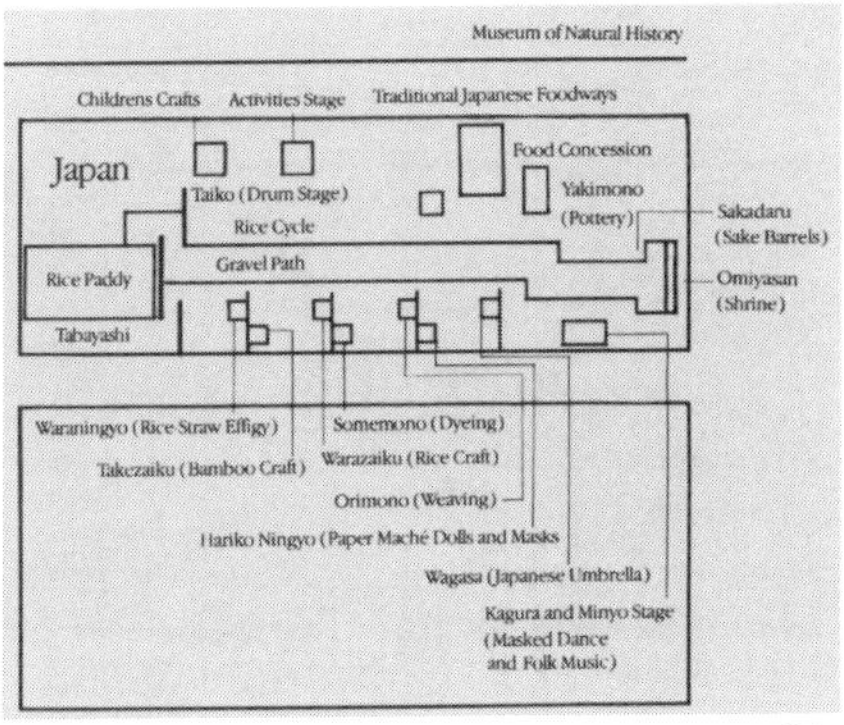

アメリカン・フォークライフ・フェスティバルの会場地図／フェスティバルのパンフレット（昭和61年）より

そもそもアメリカに行くという話が来るまで、和美はチヂンなど叩いたことはなかった。本来なら坪山か築地のどちらかが叩ければよかったのだが、二人とも両手で三味線を持っているので、手の空いている和美にご指名が回ってきたのである。渡米前に慌てて練習をはじめたが、手取り足取り教えてくれる人はいない。仕方なくテープを聴きながら自己流で叩き方を覚えた。

中途半端なまま、渡米前に催された「島唄の饗宴」で叩いたら、坪山から、

スミソニアンのステージで坪山豊と（昭和61年）

「おまえの太鼓は合わん」

と叱られた。

しかしながら、叩きながら歌うのは一朝一夕ではできず、いくら練習してもなかなか上達しなかった。築地は、

「チヂンを叩きながら歌うのはむずかしいのに、えらい、えらい」

と褒めてくれたが、坪山はずっとご機嫌斜めで、アメリカに来てからも叱られてばかりだった。

スミソニアンでのノルマは、一日一時間のステージを二回だけだったから、自由な時間もたくさんあった。そんなときには、広大な博物館の会場をカートに乗って移動して、同時に開催されているさまざまな催しを見物に行った。若くて好奇心も旺盛だったから、目に映るすべてが新鮮で飽きることがなかった。

たまたまテネシー州のジャズバンドの演奏を見物していたときに、ドラムを担当してた日本人と親しくなった。もしや、と思って「六調」の太鼓の代役をお願いしたところ、幸い出演時間も重なっておらず、快く出演を引き受けてくれた。

こうして、ようやく太鼓の重圧から解放され、その後は晴れ晴れとした気持ちで歌うことができた。

唄者には一人に二人ずつ現地の大学生が通訳についたが、日本語はほとんどできなかった。日本人の大学生が一人いて、頼りになるのはその学生だけだった。舞台袖で一生懸命に曲の解説をしていると、築地や坪山から、

「おい、ちゃんと訳しているのか?」

とよく突っ込みが入った。

チヂン担当のドラマー(左2人目)と(昭和61年)

通訳の一人、リーラ・フィリップさんは、当時二十四歳だったが、大学で三年間日本語を勉強し、鹿児島の美山で陶芸を学んだ経験があった。はじめて聞いた島唄に「ゴスペルソングのような神聖な歌」という印象を持ち、公演の三年後の平成元年(一九八九)五月に奄美にやって来た。まさかのことに皆びっくりしたが、「かずみ」に唄者たちが集まり、歓迎の歌遊びが開かれた。

リーラさんは真っ青な奄美の海を見て喜び、まだ肌寒い時期なのに、キャーキャーはしゃいで飛び込んで、和美に向かって、

「ヘ〜イ、カモ〜ン」

と手招きする。案内を買って出た築地は振り回されて、少々気の毒であった。

スミソニアンでの公演は、太鼓には苦労したが、歌の方では、

一人だけキーが高い築地に、囃子がつけられないほどキーが上がらないように、とたびたび念を押す以外は大過なく終わった。

なんとか三人で異国の地での二週間を乗り切り、いよいよ帰国の日となったが、博物館からは、帰国の際には博物館の所蔵用に何か記念になるものを置いていってくれと頼まれていた。最初のうちは築地が、

「俺の三味線を置いていく」

と話していたが、帰り際になって、

「おまえの太鼓を置いていけ。帰ったら買ってあげるから」

と言いだした。たしかに三味線は高価だが、チヂンならば二、三万で買える。築地に言われるまま、チヂンを置いてきた。スミソニアンのどこかには、いまでも「西和美寄贈」と書かれたチヂンが保管されているはずである。

この滞在の費用は、交通費と宿泊費はアメリカ側が持ち、出演料は日本側が持つという話だったが、契約したのは渡米の前年の一九八五年だった。ちょうど「プラザ合意」が発表され、円高ドル安の方向で合意が行われた年である。

おかげで、契約時には一ドル二百三十五円とドル高円安だったのが、翌年の支払いのときには一ドル百五十円と、円が前年より一・五倍近くも高くなっていた。その影響で円換算したときの出演料は跳ね上がり、二百万円近くになった。あとにも先にも、唄者としてこれ以上のギャラは受け取ったことがない。

バブル経済のはじまりだった。

第八章　芸謡化する島唄

芸謡化批判

昭和六十年（一九八五）一月八日の南海日日の「声」欄に、「名瀬の島唄ファン」と称する人物からの「昨今の島唄について」と題する投書が掲載された。

その投書は、島唄がこの十年くらいのあいだに急速に変わってきて、一部を除いてワンパターンになっており、三味線から「なつかしさ」がなくなっているとし、「コンテストの所産」なのではないかと問いかけていた。

投書の主は、民謡ブームはいいが「まゆつばものの安売」はよくないとして、こう結んでいた。

「最後に昔ながらの島唄を歌っている人達よ、あなた達が本当の唄者かもしれないのですからもっと歌って聞かせてほしいものです」

正月早々に登場したこの投書が合図になったかのように、この年はかつてなく島唄の現状に対す

声

※この欄への投書は職業、氏名、年齢を明記して本社編集局投書係まで。

昨今の島唄について

名瀬　島唄ファン

60.1.8

昔と同様に島唄が盛んになってきたが、昔、聞きなれた島唄にはなかなか巡り合えない。その中には本当にその唄なのだろうかと思われる唄さえある。一部の唄をのぞくと

が今日に至るまでには長い年月があり、又一人ひとりの唄い回し（こぶしの入れ方）があるので、年々、随時変わってきているとは思うが、それにしてもここ十年位の間に唄そのものが、急速に変わってきているのではないだろうか。それに唄者と言われる人達の数がふえたこともコンテストの所産なのだろう。三味の音はどこでいつ聞いても良いものだが、この三味の音にしてもリズム的には全体のまとまりはあるが昔ききなれたなつかしさには程遠い様な気がする。昔は唄がなくても三味の音だけで人を魅了したものだが、昨今はそう言う三味を弾く人は数少ないのでは。三味は唄が入ることによって個人個人の節回しが違うので弾き方がことなるのは分かる

「声」欄の投書／昭和 60 年 1 月 8 日、南海日日新聞

60.4.23

芸謡化に歯止め

奄美民謡家協が始動

芸謡化された民謡を原点に戻って考えようと先月二十日に奄美民謡家協会（森田照史発起人、会員十六人）が発足したが二十日、名瀬市内の食堂で第一回目の打ち合わせ会が開かれた。

同協会は芸謡化し、素朴さが失われつつある民謡を原点に引き戻そうと古い島唄の唄者が集まって結成されたもの。

奄美民謡家協会のメンバー

「奄美民謡家協会」の発足／昭和 60 年 4 月 23 日、大島新聞、

る批判が声高に口にされるようになった。

昭和六十年（一九八五）四月二十三日の大島新聞は、

「芸謡化に歯止め」という見出しで、「奄美民謡家協会」の発足をメンバーの写真入りで伝えた。

「芸謡化された民謡を原点に戻って考えようと先月二十日に奄美民謡家協会（森田照史発起人、会員十六人）が発足したが二十日、名瀬市内の食堂で第一回目の打ち合わせ会が開かれた。同協会は芸謡化し、素朴さが失われつつある民謡を原点に引き戻そうと古い島唄のウタシャが集まって結成されたもの」

「東西奄美民謡大会」のプログラム（昭和60年）

写真には、発起人の森田照史をはじめ、森チエ、豊田トミ、伊集院リキ、児玉信義などの島唄のベテランの顔が並び、五月二日に結成記念として「東西奄美民謡大会」と銘打ったチャリティーショーを開催すると予告されていた。

中央公民館で行われた「東西奄美民謡大会」のプログラムには、「奄美民謡家協会会員一同」の「ごあいさつ」として、こう書かれていた。

「今民謡ブームとでもいいましょうか、たいへんに民謡が、さかんになってきました。島唄には楽譜がありませんので節まわしに個人差はありますが、現在の芸謡化された島唄にしびれをきらして、この協会が発足のはこびになったものです」

隣のページには沖縄在住の島唄研究家、仲宗根幸市の「原点に戻り、とどろかせ島唄を」という文章が掲げられていた。

「いまや、奄美の島唄は全国的に知れわたり、脚光を浴びています。そして、唄が生活の深部に瑞々しく生きている地域として、すばらしい魅力があります。だが、このころの奄美の島唄はヨソ者が見て（聴いて）さえ、節まわしの画一化、節の乱れ、ことば（島口）の乱れ、思い入れの不正―等々が散見し、かつての多彩な節まわし、情感の深い唄の奥行きが浅くなっているように思えます。

その背景には、日常生活の場で唄を生活体験としてもつ、いうなれば土の香り、汗の匂いを持っている伝承者が高齢化し、歌う場に登場する機会が少なくなったこと。そして、生活体験とふっ切れたかたちの層の唄が、酷ないい方をすれば、多分に「芸謡化」された民謡に変化しつつあることにも起因しよう。これらの変化は、民謡が〝漂える謡〟と言われるゆえんでもあり、民謡の流動性から避けられないことかもしれない。しかし、それでは淋しいといえないでしょうか。

ここ十数年来の全国的民謡ブームは奄美も盛んで、視野が広がり喜ばしいが、ここで忘れていけないのは、華やかさや技巧のみを追い求め、もっとも大切な民謡の心を失ってしまうことではないでしょうか。私どもの沖縄や本土の辿った轍を踏まないようにして欲しいものです」

キーワードは「芸謡化」だった。「生活体験」から切り離され、ステージの歌になった島唄への批判である。この大会では、舞台をできるだけ生活の場に近づけるために、笠利町から刈り取ってきたカヤやバショウなどで舞台を飾りつけ、唄者が座る場所には大木の根本を使い、野外での歌遊びの雰囲気を演出した。

出演者はヒギャ唄から、森チエ、渡哲一、豊田トミ、生元高男、石原久子、浜川昇、カサン唄から、伊集院リキ、恵純雄、島本マキエ、山田武丸、作下エミ子、泊忠重、森田照史、ゲストとして、安田富博、松山美枝子、また「たねおろし」をステージで再現するために佐仁同好会が登場した。演出と構成を担当したのは、森田照史であった。

森田は昭和二十年、名瀬の生まれ。築地を見出した山田フデを祖母の妹に持ち、早くから歌のある環境に身を置いていた。六歳のときに大正寺の民謡大会で島唄を歌い、十歳のときに少年唄者として「奄美タイムス」に紹介された早熟の唄者だった。

『森田照史傑作集』（平成10年）のジャケット／セントラル楽器

大島高校二年のとき鹿児島商業高校に転校し、その後青山学院大学に進むが中退。二十五歳のときに名瀬で実家が経営するスナック「クラウン」を手伝いながら、坪山がデビューした昭和四十七年の「実況録音・奄美民謡大会」に、龍郷町生まれの山田武丸と組んで最年少の二十七歳で出場した。

昭和五十年（一九七五）、鹿児島に出て「白い扉」という店をはじめる。まだカラオケが出る前の時代で、三味線とギターとエレクトーンで伴奏し、客が歌う店だった。その後関西に移ったが、昭和五十九年（一九八四）七月、また名瀬に戻った。最初に引いた南海日日の「声」欄に掲載された投書の主「名瀬の島唄ファン」とは、おそらく森田であった。

森田照史の危機感

森田は晩年、新宿で「朝花」というスナックを開業して、東京の島唄愛好家の中心的存在になった。平成十四年（二〇〇二）九月には、東京で芸歴五十周年を記念してライブ「美島の唄遊び」も開催した。そのパンフレットに、森田のインタビューがある。そこには島唄に対する危機感がこう

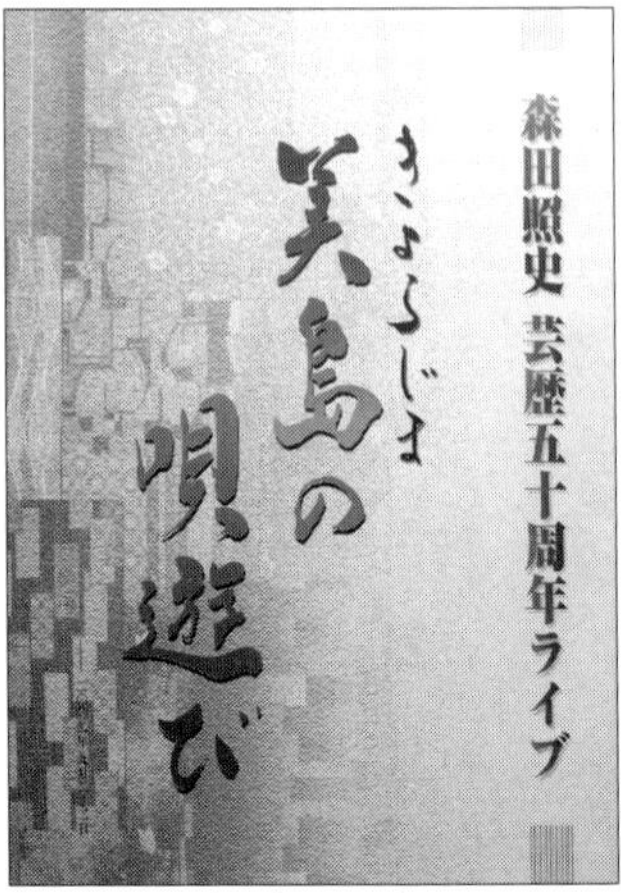

「美島の唄遊び」のパンフレット
(平成 14 年)

述べられている。

「その当時の人が認める唄者というのは、今のコンクールで優勝したというようなランクではなくて、いわゆる唄をちゃんと人に指導できるという立場の唄者だった」

「今の人たちは皆ありきたりの同じ唄い方で唄っているでしょ。今のコンクールのありかたが昔と違っていて、長く唄えばいいという感じで、唄のスピードがみんな同じに聞こえる。ところが昔はそうじゃなくて、唄ごとにスピード感がそれぞれ違った。一つは日本民謡大賞の大和唄の流れというものもあって、二分三十秒のなかで唄わないといけないから、奄美の唄では唄えないものもいっぱい出てくる」

「シマ唄というのは尺が決まっている。全体的に伸ばして唄っているならまだかまわないけど、最近は勝手に伸ばしたり、短くして足らなくしたり、もう一回こぶしをつけなきゃいけないのに終わってしまったりしてる」

「民謡はもともと楽譜がなかったわけだし、シマ唄は生き物とは言うものの、日本の民謡が頭打ちになったのは、もう唄がなくなるからと言って、楽譜などが統一されて、誰が唄っても同じような唄になってしまった。だから寸評・評価できるのね。でも奄美のシマ唄は百人百様で唄い方が全部違うから、本当は評価できないのよ」

「最近は笠利節のなかにヒギャが入っていたり、ヒギャのなかに笠利節が入っていたり、めちゃくちゃまぜこぜなのよ」

「コンクールでも昔は掛け唄、唄掛けだった。でも今は決め唄で一節しか唄わない。カセットやCDの吹き込みも今は一人でやるから、声も八とか九の高さでやってるけど、昔はそんなことはなかった。調子笛を奄美に持ち込んだのが福島幸義さんだけど、それはあの人たちは尺八で詩吟をするから。詩吟は高さの世界だけど、奄美の民謡はそうじゃない。地から唄って、低いから上げようか、といった唄い方。昔は女の歌手はそんなにいなかった。男が弾き唄いで、主に唄っていた。女の人はもともとは囃し方だった」

「昔は音の高さも下げて、男中心に唄っていたから掛け唄になったけど、今は一人唄いになっているからそんなこともできないしね」

「これからの人たちには、歌謡曲というか芸謡化されたコンクールのための唄ではなく、本来のシマ唄を唄っていってほしいというのが僕の願い」

名瀬で行われた「東西奄美民謡大会」から十数年後のインタビューだが、昭和六十年（一九八五）当時に森田が感じていた危機感は、たぶんここに述べられていることとさほど異なったものではなかったはずである。

琉球服属時代には按司の家で祭事をつとめ、八月踊りでもウタジャシベを担当する家の末裔で、子供の頃から島唄を門前の小僧のように習っていた森田にとって、当時奄美で歌われていた島唄は違和感を禁じ得ないものだった。

もっとも、生来の〝旅人〟であった森田はこうした試みを奄美で継続することなく、ほどなく島を離れて関西に行く。しかし森田が去ったあとも、島唄の「芸謡化」に対する批判はなかなか止まなかった。

翌昭和六十一年（一九八六）、渡米を控えた坪山豊は南海日日に「島唄の原点を胸に　ナグルシャ、ナチカシャを」という文章を寄せた。坪山はまずその年の奄美民謡大賞の際に、審査委員長が島唄からナグルシャ、ナチカシャがなくなりつつあるという指摘をしたというエピソードを紹介して、

「自分も同感だ」と語り、

「少しの変化は仕方ないとしても、これ以上変われば奄美のイメージを失うのではと思うようになったのだ。私もアレンジをしてる一人で、それだけに責任を感じ、少し後悔もしないではない」

と率直に認め、こう結んだ。

「コンクールの目的も、島唄伝承保存のためにはじめた素晴らしい行事だ。しかしここまで過熱し、芸謡化してしまうとは、主催者側も想像してなかったことと思うのであります。（……）無事終えて帰国し、なお一層奄美のナチカシャ、ナグルシャの唄を勉強するつもりです。ご指導ください」

一方、アメリカから帰国した築地は、七月二十四日に南海日日の社屋を訪れ、スミソニアンのフェスティバルで日本とともにテーマとなっていたテネシー州のアマチュア・バンドの演奏に触れて、

「三十年前の島唄そのままで、生活の中に生きている音楽だった。島唄も原点に返らなければならないと痛感した」

と語った。

その数日後、南海日日の「地方記者の目」というコラムに、「「舞台」を去った唄者」というタイトルの記事が出た。そこには、アメリカから帰国した築地が、舞台からしばらく身を引くと書かれていた。

「「テネシー州のジャズメンと宿泊したホテルで会った。彼らは自分たちの音楽を心から楽しんでいた。一人がロビーでマンドリンを弾くと、すぐ歌の輪ができる。聴衆が嫌な顔をすれば、誰もいない部屋へ行って、そこで歌を続ける。〝舞台〟を超えた音楽でした」

奄美の島唄も、唄者が三々五々集まり、一晩中でも歌遊びする即興にこそ真髄がある。舞台芸術として名声を得る一方で、形式に流されがちになったのではないか。ナイーブな悩みを持つ築地さんに、底抜けに明るいジャズメンたちとの出会いは、鮮烈なショックだったようだ。

しばらくは歌遊びをして、自分の世界を創造したいのだと築地さんは言う。地方の文化というのは、こんなに豊かなのである」

「六調」などに人気
渡米の築地さん思い出語る
〝島唄の原点回帰〟を痛感

N61.7.25

ワシントン最終日、六調に踊り出す米国女性も―（米、フォークライフで）

先月渡米しワシントンの「フォークライフ」展に出演した島唄の築地俊造さんが二十四日、南海日日新聞社を訪れ、米国公演の思い出などを語った。

スミソニアン博物館フォークライフに招かれた奄美の唄者は築地さんと坪山豊さん、西和美さんの三人。日本の稲作文化をテーマに、全国から約四十人がアメリカへ渡った。会期は六月二十六日から七月五日まで。奄美の島唄と秋田民謡、山形の神楽を除き、あとは伝統工芸の職人さんばかり。会場は野外に日本風のお宮と参道を特設。桟敷では傘、おけ、紙人形、信楽焼などの職人さんが、日本から持参した材料でさえた手技を披露、アメリカ人を驚嘆させた。

築地さんら三人は、桟敷きの仮設ステージで島唄を歌った。「アメリカでは〝なちかしゃ〟は通じません。調子のよいリズミカルな歌には人気があって、アンコールもかか

帰国後の記事／昭和 61 年 7 月 25 日、南海日日新聞

島唄は明らかに曲がり角に来ていた。

小川学夫、島を離れる

こうした批判をもっとも深刻に受け止めていた一人は、小川学夫だった。

小川は昭和四十六年に徳之島から奄美大島に移ったあと、セントラル楽器や南海日日新聞社に勤めながら島唄の研究を続け、昭和五十四年（一九七九）に『奄美民謡誌』、昭和五十六年（一九八一）に『奄美の島唄』、昭和五十九年（一九八四）に『「民謡の島」の生活誌』といった著作を発表していた。『奄美の島唄』の「あとがき」で、小川はすでにこう書いている。

「島唄をとりまく環境というのは、この何年かで大きく変わったというのが実感です。先ず昭和五十四年十一月、築地俊造氏が「第二回日本民謡大賞」で日本一の座に輝いたことがあげられます。それと前後して島のウタシャが本土や沖縄の色々な催しに、どんどんでかけていく傾向が見えてきました。これまで、ほとんどのシマッチュ（島人）のための唄であったものが、名目はともあれ外の人々に向かってうたわれる機会が増えてきたということです。当然、唄自体にも変化の兆しが見えていることは否めません。

私自身、研究する者の立場としては、こうした現象を、これからも冷静な目で見ていくほかないと思います。プロデュースまがいのこともやってきて、いささか島唄の流れに直接参与しすぎたという反省もないではありませんが、奄美の島唄は、本土の民謡のように、一直線に芸謡化への道をたどることは、先ずないだろうというのが私の見方です。島唄はそんなに底の浅いものではないし、想像以上に島の生活に根ざしていると思うからです」

しかし、その後の島唄の変化は、小川の予想を上回った。それどころか、その変化の原因を探って、

「北海道から来た人が奄美の民謡を変えた」

と口にする人も少なくなかった。民謡が変わった責任が小川一人にあるはずもなかったが、本土の人間はとかく批判の対象になりやすかった。小川が奄美に住んで二十年が経っていたが、

「長くいすぎたのかもしれない」

と思うことが多くなった。

三人の渡米を見送ることなく、小川は昭和六十一年（一九八六）三月に島を離れ、鹿児島に移り住む。周囲には、

「誰にも知られず、見送りもなく、夜逃げのように去りたい」

と話していた。

和美は小川が島を離れる少し前に、名瀬の書店で偶然小川に会った。

「アメリカに行って挨拶もできないのは困るから、なにか英会話の本を探してほしい」

とお願いすると、小川は、

「やめた方がいいよ。シマグチの方が絶対に通じるから」

と答えた。

小川には冗談を言うつもりはなかった。ただ、現地で付け焼刃の英語を話すよりは、シマグチで

通す方がずっと深い交流ができるという確信があったのである。もう一つ、気になっていたことがあった。それは奄美の唄者たちが、シマッチュの好みよりも、本土の審査員の耳を気にしはじめているように思えることだった。

たしかにコンクールは、奄美の島唄人口を増やし、若い世代の台頭を促して、島唄界に漂っていた沈滞した気分を一新させた。けれども、そのコンクールが原因で、島唄がヤマトンチュが好む方向に変質してしまったら、それは日本民謡と変わらなくなってしまう。島唄はシマッチュのものだったからこそ、独特なものであり続けたのではないか。

だからこそ、和美たちには、本土の審査員もおらず、何も気にするものがないアメリカで、余計なことを忘れて存分に自分たちの島唄を歌ってほしかった。むしろ、島を出てアメリカに行くことが、逆に島唄の原点を見つめるチャンスになるかもしれないと思ったのである。

鹿児島に移住した小川は、その後も地元の新聞や雑誌に島唄に関する多くの文章を書いた。小川の書くものはいずれも島唄に対する愛情に溢れていたが、歌い手たちの異常なまでのコンクール熱や、それに伴う歌の高音化や遅速化の傾向には、深い懸念をにじませていた。

遅速化の例として小川がよく引き合いに出したのが、和美の「雨ぐるみ節」だった。もちろん、開店以来「かずみ」の常連であった小川は、和美がいかに奄美の歌遊びを推進する原動力になっているかはよく知っていた。問題は、その歌遊びがステージの陰で見えにくくなっていることであった。

たしかに、それは島唄コンクールが歌い手の良し悪しを、ステージの歌からしか判断しなかったことによる必然的な結果であった。しかし、だからといってコンクールが悪かったということではない。歌遊びが衰退して、ほぼ継承が途絶えていた島唄を甦らせたという点で、コンクールは十分すぎるほどの成果を挙げた。問題があったとすれば、それはむしろ、この試みがうまく行きすぎたことであった。

島唄の未来を担う新しい唄者を探していたところに坪山豊が現れ、新人コンクールをはじめるとすぐに築地俊造が登場し、四年後には民謡日本一にまでなる。そこに、さらに紅一点として西和美が加わる。これほど出来すぎた筋書きは、誰も予想できなかったろう。

奄美の歌い手は、小川の予想を上回るほどやすやすとコンクールという文化に適応し、これ以上は望み得ないほどの成果を挙げてしまったのである。

小川の懸念は、むしろこの〝うまく行きすぎた〟ことで顕在化した島唄の新しい傾向にあった。とすれば、残る課題は、ステージやコンクールの陰で見えなくなってしまったもの、つまり島唄本来の姿である歌遊びに、どのようにして光を当てていくかであった。

児玉永伯の試み

小川がいなくなった奄美でこの問題に向き合ったのは、児玉永伯《ながのり》だった。

児玉は昭和二十五年（一九五〇）大和村大棚の生まれ。小川学夫よりちょうど十歳年下だった。

昭和六十一年（一九八六）の南海日日に、「島唄交遊録」と題する児玉の文章がある。

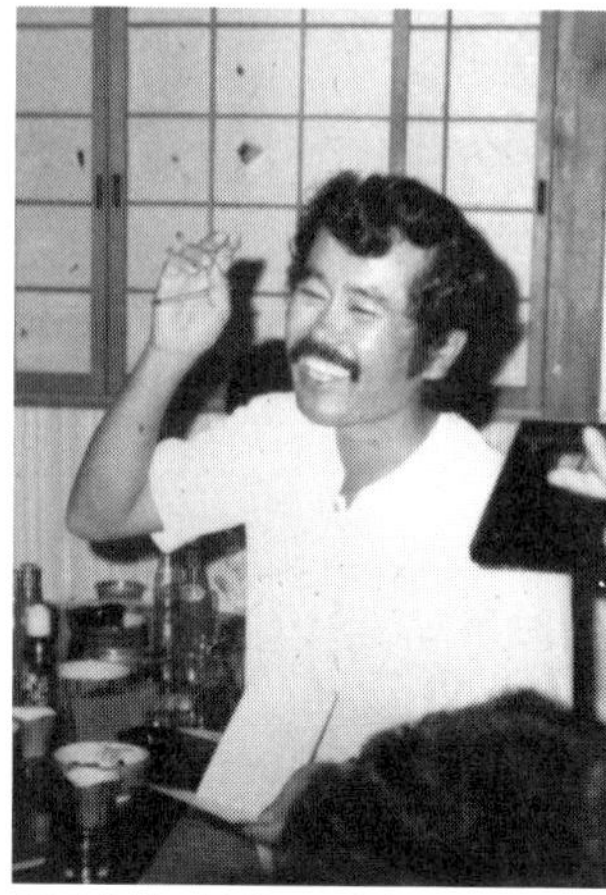

児玉永伯（昭和57年）

「まだ中学生の頃、正月休みに祖母と一緒に上鹿し、伯父の家で、島唄（のレコード）を聞いた僕は、はじめて聞く音楽のはずなのに、懐かしさを感じていた。

それから何年かが過ぎた頃、名瀬の新聞に、一人の大学生の紹介記事が載った。細かな内容は覚えていないが、「東京からやって来た大学生が、奄美民謡の研究をしてる」というようなことだったと思う。それを読んだときに、「ああ、こういうことは、シマに生まれ、住んでいる俺たちがやらなきゃいけなんだ」と、（実際何もできるわけではないのだが）当時、感じたことを、中学時代の正月休みの一件と併せて、僕は心のどこかに持ち続けていたようであった。

そうして昭和五十一年、セントラル楽器に入社した僕の前に、痛めた腰に左手をあて、ソロリ、ソロリと社屋の壁に右手をついて歩いている、小川学夫さんがいた。

入社して数カ月たって正式採用された僕は、レコードショップへ配属され、そこでの初仕事が、改装した倉庫への、セントラル楽器制作の奄美民謡レコードの整理であった。直径三十センチ、塩化ビニールの薄く円い板であるレコードは、持ったことのない人には信じられまいが、五十枚もいっぺんに持つとなるとけっこう重いものなのだ。どうやら小川学夫さんの腰痛も、この〝レコードたち〟のせいらしかった。その小川学夫さんにレコード整理をしながらいろいろ話を聞いたのだが、なんとあの大学生が、目の前にいる小川学夫さんだったのである。

「歌も命あるものとして扱い、この奄美でその変遷する様を知ることによって、世界の歌謡、音楽を知ることができる」と言う小川学夫さんの言葉に感動したそれからの僕は、金魚のフンのごとく、小川さんについて回っていた。島唄のレコーディング、島唄大会、島唄の研究発表会、そして数々の歌遊び……」

なかでも刺激になったのは、入社した年に、前年の新人大会の覇者であった築地俊造のレコーディングを手伝ったことだった。その声のあまりの迫力に、一般に「哀愁切々」と言われ、児玉自身もそう信じ込んでいた島唄のイメージがいっぺんに吹き飛んでしまった。

生の島唄の凄さを実感した児玉は、それ以来舞台の島唄よりも、生活の中の歌遊びとしての島唄に関心を持つようになった。当然、「かずみ」が開店すると入り浸った。

客の中でとくに親しくなったのが、押川博通だった。「かずみ」の常連には、好きで島唄を歌いながらコンクールには出ないという人が何人もいたが、押川もその一人だった。昭和二十二年(一九四七)、名瀬市大熊の出身で、名瀬の建設会社に勤めていた。高校卒業後、大阪に出て紬販売の仕事をしたが、二十五歳のときに島に戻り、三十歳を過ぎてから三味線を手にした。押川は舞台より歌遊びを好み、コンクールには出場しなかった。

児玉はよく押川などの「かずみ」の常連を誘って歌遊びを仕掛けた。押川と山田武和の歌遊びに参加した俳人の吉田志賀子は、南海日日にその印象をこう書いている。

「押川さんの腹の底から突き出る声、たくましい太い喉が熱気と焼酎のせいだろう、炎のように燃えてうねる。ふうぼうといい、野放図な歌いっぷりは、〝原石〟の秘めるエネルギーを感じさせる」

児玉は島唄研究を志していたので、小川は『沖縄大百科事典』の島唄の項目の執筆を児玉に任せるなど、いろいろと世話をしたが、口承文化としての島唄はつかみどころがなく、なかなかオリジナルな研究には結びつかなかった。

児玉が才能を発揮したのは、むしろ企画者としてであった。

最初に手掛けたのは、昭和五十六年（一九八一）四月に行われた「坪山豊ファーストコンサート」だった。児玉はその前年から仲間と三人で、河島英五や森田童子らフォーク歌手のコンサートを開催していたが、その形式を島唄にも試してみたくなったのである。

そこで相談したのが、坪山豊だった。児玉は坪山の歌を好み、よく家に遊びに行っていた。コンサートが行われたのは、坪山が五十歳、児玉が三十歳のときだった。

奄美では、島唄といえば民謡大会や島唄教室の発表会などで歌われるのが主で、唄者が一人で歌うコンサートというのは一般的ではなかったが、歌遊びを愛し、ポップスにも造詣が深かった児玉は、この形式を好んだ。

こうした児玉の考えがよくわかるのは、平成三年（一九九一）年に企画された「七日間ちゃっ続きしまうた会」である。このイベントは、中央公民館に七月一日から七日間連続で、計八人の唄者が毎日登場してリサイタルを行うという試みだった。

児玉が意図したのは、ステージ上でも歌遊びと同じような雰囲気をつくりだすことだった。複数の唄者が入れ替わりに舞台に登場して、一、二曲歌っておしまいという従来の民謡大会の形式ではなく、歌う時間もあらかじめきっちりと決めず、一人の唄者にその日の気分で好きなだけ歌ってもらう完全に出演者まかせの企画だった。

初日が大和村の唄者、浜川信良・昇兄弟、二日目が泊忠重、和美は三日目に登場した。四日目以後は清水芳計、西田ナスエ、坪山豊、築地俊造が順に続いた。

和美が歌った日は、元気のいいお客さんが、

「和美のときは空っぽにはできんわ」

と、観客にコップに入れた焼酎を振る舞った。

観客の多くは水だと思って飲んだが、口に入れたら焼酎だったので、びっくりしたらしい。

「会場でアルコールを出してはいけない」

と、あとで和美の方が怒られたが、こんなハプニングも歌遊びのようなコンサートという児玉のコンセプトがあったからこそだったろう。

「坪山豊ファーストコンサート」（昭和 56 年）のポスター

大島高校の美術教師で島唄愛好家としても知られた片倉輝男は、南海日日でこの日の和美を、

「まだ十年のキャリアとは思えない堂々とした、太いノドから出る哀歌」

と評した。

翌平成四年（一九九二）一月一日、「島唄よ、永遠に」と題された南海日日の正月特集記事の中

島唄ファンを魅了

絶妙の掛け合い

初日は浜川さん兄弟

「7日間ちゃっ続きしまうた会」始まる

7日まで続けられる「ちゃっ続きしまうた会」

初日の浜川兄弟のコンサート／平成3年月2日、南海日日新聞

で、児玉はこう語っている。

「集落、歌い手ごとに個性がある―といわれる島唄の多様性は、昔の交通便の悪さからくる集落の自己完結性の中でしか純粋には保てないのでしょうかね。今のこういう世の中では島唄が果たす役割がどんどん消えていく。暮らしの中ではほとんど機能していない」

「人の往来が容易になり、島唄の地域別個性は次第になくなりつつある。ヒギャ唄、カサン唄が交ざり合いつつある。各地域の島唄が個性を保つのはその地域の人々の価値観の問題だ。自分たちの島の個性ある唄に誇りを持ってそれを歌い続けるべきではないだろうか」

こうした問題意識から、児玉が翌平成五年（一九九三）に奄美群島日本復帰四十周年記念事業の一環として企画したのが、「奄美十五夜唄あしび」だった。

児玉は大島の各集落に、どんな伝統が残り、誰が島唄を歌い、催しの際にはどのような唄が歌われるかということを丹念に調べていた。奄美文化センター屋外ステージを使用して開催された「奄

美十五夜唄あしび」は、その成果だった。

第一回「奄美十五夜唄あしび」が行われたのは、平成五年（一九九三）九月四日であった。公演を前に、児玉は歌遊びを知らない奄美文化センターの若い職員三人を誘って、名瀬市入舟町の自宅マンションで歌遊びを催すほど、この企画に入れ込んでいた。

第一回のテーマは「築地俊造　古老とあそぶ」。出演は、築地、押川博道、山田武和といった「かずみ」の常連に、碇山タズ子、盛トキ、塩崎サスという笠利の古老が加わった。

会話はすべてシマグチで行われ、シマの昔の遊びや仕事や唄が話題になる。円形の劇場の畳敷きのステージに置かれたテーブルには、刺身や味噌が並べられ、客席には焼酎もふるまわれた。舞台の背景にはアダンや蘇鉄が置かれた。

築地が九十三歳の盛トキにシマグチで、

「どうして私の足を引っ張るようなことばかり言うのですか」

と問うと、

「人に足を引っ張られないようにものを言わなければ」

と盛が返し、会場は大いに沸いた。

平成六年（一九九四）の第二回のテーマは「坪山豊　みちびき三線…風と唄う」。前回がカサン唄だったのに対して、今回は坪山、稲田栄利、昇喜代子ら五人のヒギャ唄の唄者たちが集った。

ステージには浜辺が再現され、本物のアダンが茂った。舞台は坪山の道弾き三味線で開幕。あいにく風が強い天気ではあったが、島唄はもちろん、シマグチによる会話に花が咲き、八月踊りに

第１回奄美十五夜唄あしび／平成５年９月５日、南海日日新聞

まつわる話やムンバナシ（民話）が語られた。

　平成七年（一九九五）の第三回の「泊忠重と唄ジマの仲間たち」では、舞台に佐仁の代表的な唄者である泊忠重宅が再現され、正月三日と十八日の行事である「酒取《せぇと》ろし」が行われた。総勢十四人の集落の唄者たちが一重一瓶をぶら下げて、三味線を弾きながら集い、男女六人ずつに分かれて群《ぼれ》唄《うた》で歌を掛け合った。舞台ではサメナンコなどの遊びも行われ、客席では焼酎や正月料理が振る舞われた。

　平成八（一九九六）年の第四回の「唄袋のシマ芦検　好英フジとのスクの夜」は、はじめて八月に行われた公演だった。しかも使われたのは例年の野外ステージではなく、奄美文化センター前の広い「一万人ひろば」であった。ちょうどひろばの横に展示民家が完成し、一般公開されていたので、それを背景にしての公演だった。出演者は、唄者の川畑好英を中心とする芦検民謡保存会の面々十四人だった。

令和４年の「十五夜唄あしび」のチラシ

タイトルにあるスクは「節句」の意味。つまり「好英おじさんとの節句」である。「スクすぃろや」は、芦検で正月すぎに家で遊ぶときの決まり文句であった。公演では「朝花節」などの定番曲のほか、芦検のみで歌い継がれてる「ういやま」や、日本復帰後に来島した鹿児島県知事を歓迎するために歌われた「くるだんど節」など貴重な歌も披露された。

　児玉はこの最初の四回の公演で司会を担当し、「奄美十五夜唄あしび」を順調に滑り出させた。島唄の舞台芸能化の流れに掉さすべく、昔ながらのシマの歌遊びを再現することを目的に企画されたこの催しは、いまも毎年奄美文化センターの野外ステージで行われ、島唄ファンを楽しませている。

第九章　「かずみ」に集う人々

「かずみ」、軌道に乗る

昭和五十七年（一九八二）にはじめた「かずみ」だったが、経営が軌道に乗るまではなかなか大変だった。特に最初の十年間は家賃が払えない時期もあった。客は入るものの、いわゆる「掛け」の客が多かったのである。店が軌道に乗り出したと感じるようになったのは、平成に入ってしばらくしてからであった。

いまのティダモール中央通りのアーケードの入り口辺に「フラワー」というジャズファンが集まる喫茶店があった。そこで昼間から酒を飲んでいる男たちがいて、飲みが一段落する夕方の五時か六時になると、きまって「かずみ」にやって来る。開店早々、全員でカウンターに陣取り、つまみを一つだけとって、あとはずっと飲んでいる。しかもツケ払いばかりだったので、お店の懐は乏しくなる一方だった。

ゴルフ仲間と

カウンターに座りたい客はほかにも大勢いたが、連日この人たちが開店早々から陣取っているので、座れないばかりか逆に店から足が遠のいてしまったのである。

あるとき、悩んで相談したロータリークラブの会員の一人から、

「あのね、和美ちゃん、いいこと教えてあげようか。あんたゴルフをしなさい」

と言われた。

「ゴルフをすると、そのあとに反省会があるのよ。それをお店でやったらいい。そうするとアル中の連中も遠慮して、そのうちいなくなるよ」

最初はそれほど上手くいくものかと半信半疑だったが、とりあえず打ちっぱなしの練習場に行って、ゴルフの練習をはじめた。そのうちゴルフ場にも行くようになり、やがてコンペに誘われるようになると、その反省会を必ず「かずみ」で開催するようにした。すると、それを境に、本当にその連中は店に寄りつかなくなってきた。

ツケで飲む客がいなくなると、「かずみ」の経営状態は少しずつ改善していき、商売が波に乗ってきた。

商売をやっていると、客との関係でむずかしいことも少なくない。店に来てくれる客は、店を気

に入っているから来てくれるので、無碍にはできない。ただ、毅然とした態度が必要なときには、しっかりと気持ちを切り替えて、それなりの態度でのぞまなければならない。一度店に来た客で、ちょっと癖の悪い人だなと思ったら、きちんと覚えておく。二度目に来たら、

「二回は駄目だよ。もう飲むものはないよ」

と言う。それでも、

「水一杯だけ」

と懇願されると、

「もう水もないよ」

と追い出すこともある。

街中で商売をしていると、いろいろな人がやって来る。

以前は「かずみ」の周りには民家がたくさんあって、紬商売で繁盛していた老人たちがよく店にやって来た。

一人で来る人もいれば、仲間と連れ立って来る人もいた。

そういう老人の一人で、体の具合を悪くしていつも家で寝込んでいた人が、家族が外出している隙に、いきなりステテコ姿で、

「和美ちゃ～ん」

と店に飛び込んで来たことがある。

店には客が大勢いたが、とりあえず座敷に座らせて、酒を飲ませて、一緒に唄を歌った。しばら

くして外に出たら、家族が通りで、

「うちの父ちゃんがいない。警察に行った方がいいか」

と大騒ぎしている。

「あんたの父ちゃんならうちにおるけど」

と言ったら、飛び上がって喜んだ。その人には、いまでも会うと、

「あのときは、父ちゃんを喜ばせてくれてありがとうね」

と感謝される。

もちろん、こんなほほえましい話ばかりではない。

朝の四時頃に、

「おい、これから行くぞ」

と、いきなり電話をかけてきて、へべれけに酔っぱらって、裸足で店にやって来る酒癖の悪い唄者もいた。そういう連中は、同じ島唄仲間だけになかなか始末が悪かった。

「かずみ」の常連にはインテリも多く、奄美郷土研究会や奄美民俗談話会などのメンバーや新聞記者もよく来ていた。地元の新聞社だけではなく、朝日や毎日や読売などの本土の大手新聞の記者もいた。当時の記者の中には、学生運動の経験者も少なくなかった。

そういう人たちが集まるときには、最初は静かな調子で議論をしていても、酒が入ってくると、しばしば怒号が飛び交い、座が荒れた。突然島のインテリが本土の記者たちに、

「あんたらが昔うちの島で何をやったのか知っているのか！」

などと絡みだし、いきなり険悪な雰囲気になることもあった。

いまでも覚えているのは、地元の南海日日に連載記事を執筆していた島の文化人が、記者と一緒に来て飲んでいたときに、突然口論になり、

「ろくに原稿料も払っていないくせに偉そうなことを言うな！」

「うちだって、おまえみたいに締め切りを守れない奴を使ってやってるんだ！」

と叫びながら、座敷で殴り合いの喧嘩をはじめたことである。

最初は仲良くしている様子だったのに、少し目を離した隙に怒鳴り合いの喧嘩になり、そのまま座敷で組んずほぐれつしはじめたので、仰天してしまった。どうやら、話が原稿料に及んだところで、お互いの堪忍袋の緒が切れたらしい。

この時代の男たちは、本当によく議論をし、よく喧嘩をした。つまらない理由から高尚な理由まで、動機はさまざまだったが喧嘩の種にはこと欠かなかった。

島唄のことでも、異なるシマの人たちが同席すると、唄者の評価をめぐって互いに意見が対立し、そのまま喧嘩にまで発展することがよくあった。たまたま店にいた築地俊造が、そのとばっちりを受けて、

「お前の唄なんか島唄じゃない」

と自分の唄まで客の批判の対象にされてしまったときは気の毒だった。

学者たち

「かずみ」には本土の学者もたくさん来た。なかでも忘れられないのが、民俗学者の谷川健一である。谷川もまたこの時代の男で、すぐに熱くなるタイプだった。

谷川は熊本県水俣市の出身で、平凡社で『風土記日本』や『日本残酷物語』などの民俗学シリーズの編集を手がけた。その後、雑誌『太陽』の初代編集長を務めたが、学生時代に患った結核が再発して会社を辞め、病気療養中に執筆した小説が直木賞候補になったのを機に文筆業に転向。

山下欣一（昭和 57 年）

一九七〇年代からは沖縄や日本の辺境を題材にした民俗学的な著作を発表して話題になった。昭和五十三年（一九七八）には地名の重要性に着目して「地名を守る会」を発足させ、三年後に川崎で「日本地名研究所」を立ち上げて所長になった。

谷川の琉球弧への関心はまず沖縄にあり、奄美には島尾敏雄に会うために立ち寄る程度であったが、やがてその重要性を認識し、ユタ研究で知られる民俗学者の山下欣一を慕って、一九八〇年代から毎年二度三度と奄美を訪れるようになった。

谷川は体格も大きく、酒を飲むと気性が荒くなり、怒鳴り散らしたりするので、山下が主宰する奄美民俗談話会のメンバーたちは、敬して遠ざけるのがつねだった。

ただ、「かずみ」のカウンターに座ると不思議と大人しくなるので、山下や藤井令一は、

「「かずみ」に預けておけば、機嫌もよくなるから安心だ」

と、谷川が来れば和美に世話をまかせた。ある年など、年末にやって来て、正月三が日をずっと「かずみ」で過ごしたことさえあった。

一度、地名研究所の関係で川崎市の職員と一緒に奄美に来て、何かの拍子にその職員が谷川の逆鱗に触れたらしく、

「おまえ、帰れ!」

と怒り出したことがあった。

「もう船がありません!」

と職員が返すと、

「泳いで帰れ!」

と怒鳴った。

谷川の島唄観は、平成三年(一九九一)新年号の『文学界』に掲載された「シマウタの呪力」という文章に示されている。

「奄美はもともと言葉の呪力をつよく信じている世界である。相手を害する呪言をクチと呼び、クチを入れるといえば、呪言を吹きこむことである。(……)

谷川『南島文学発生論』（平成３年）

奄美のシマウタも、もともとはこうしたウタの呪力をもって相手を言いまかし、圧服する手段であり、呪詛をこめた歌のたたかいであった。その緊張感は奄美のシマウタにいまも受けつがれている。相手がうたい終わると、息もつかずにそれを引き取って、相手に歌で返す。そのやりとりが延々と幾時間も続く。

私はあるときシマウタを聞いてから病みつきになり、昭和五十九年（一九八四）の暮れ以来、毎年のように奄美に出かけてはシマウタを聞くのを楽しみにしていた。たいてい詩人の藤井令一宅でウタシャ（歌い手）を呼び、夜の更けるのも知らず甘美な雰囲気にひたった」

谷川は昭和六十二年（一九八七）から主著となる『南島文学発生論』の連載を続け、三年間の連載の末、平成三年（一九九一）に上梓したが、そこで中心となるのは「呪言」をめぐる議論である。古代において、自らを取り巻く生きた自然を前にした人間は、言葉の呪力によってそれを制圧し、対抗したという谷川の立論の根拠をなすのは、自らの奄美での経験だった。

「南島の世界に足を踏み入れておどろくのは呪言（クチ）のすさまじい実態である。クチは言葉の呪力をもって相手を斃す方法である。奄美大島の龍郷町の秋名や住用村でお茶を出されることがあっても、それを飲むな、それは秋名や住用の人たちが旅人にクチを入れたお茶を出すからだ、という話を私はなんども聞かされた。もとより昔々の伝承である」

この書物は沖縄では評価が得られなかったので、山下は平成三年（一九九一）十二月に奄美民俗談話会の協力を得て、奄美文化センターで二日間にわたる出版記念シンポジウムを開催した。このときの議論は『南島の文学・民俗・歴史』（三一書房）に収められている。

坪山・西氏が演奏、小川氏が解説
六調のリズムに関心
熊本で全国地名シンポ

鹿児島総局】地名をキー
に南島や東アジア、朝
鮮などから"海の道"
伝わった環シナ海文化
的に探ろう―と、十五
一日間熊本市で開催さ
国地名シンポジウム
山豊、西和美両氏が奄
縄・八重山の六調を披
本・球磨、鹿児島・薩
調と競演した。
研究家の小川学夫氏が
六調の違い、特徴を解
説しながら演奏されたが、同
じルーツを持ちながら農耕文
化の中ではぐくまれた本土の
ものと海を隔てた奄美、沖縄
の六調が別物のよう
に変化している点に

地名シンポジウムで「六調」を演奏／昭和 61 年 11 月 18 日、南海日日新聞

谷川は和美の唄を気に入り、自分が所長を務める日本地名研究所のイベントにも呼んだ。昭和六十一年（一九八六）十一月に熊本で開催された地名シンポジウム熊本大会「環シナ海文化と九州」には、文化人類学、民俗学、歴史学、考古学の研究者が三十人ほど招かれ、参加者は五百人に上る大規模なものだったが、和美も坪山や小川とともに招聘された。

和美たちが参加したのは「六調」の競演で、小川が奄美、八重山の「六調」、球磨、薩摩の「六調子」の特徴や相違を説明し、和美と坪山は奄美と八重山の「六調」を実演してみせた。音楽学者の小島美子は奄美の「六調」を「海に漂う小舟の上下運動のような浮揚感のある海洋性リズム」と表現した。

和美はその後も谷川の誘いで、神奈川県川崎で開催された地名研究所のシンポジウムに招待されたが、そのときの解説も小川が担当した。谷川は、

「和美が来ると小川さんも来る」

と面白がった。

シンポジウムで話をすると、中学しか出ていない和美の話を学者たちが熱心に聞いてくれるのがおかしくて仕方がなく、なんだか自分が偉くなったような気がした。

谷川は晩年に体調を崩し、平成二十五年（二〇一三）に亡くなったが、和美にはその直前までよく電話をくれた。ハガキもよくもらい、いまも大切にしている。

熊本のシンポジウムでテーマとなった「六調」は、当時徳之島で徳島の阿波踊りのような島の名物にしようという動きがあり、シンポジウムの一週間後の十一月二十三日には、徳之島町で「フェスタイン奄美・ザ六調」という群島十四市町村対抗の六調大会が行われた。司会は小川、審査員が小島美子と、地名シンポジウムと同じ顔触れだった。

翌六十二年（一九八七）にも、「燃ゆる六調の島、民俗舞踊競演とシンポジウム」と題するイベントが行われ、学術的な観点から「六調」のさまざまな問題が取り上げられた。一連のイベントに出演した小島は、和美たちをスミソニアンに紹介してくれた人だったが、島に来れば「かずみ」に必ず顔を出す常連の一人だった。小柄ながらエネルギッシュな女性で、カウンターに座るといつも陽気に話しかけてくる庶民的な学者だった。

フェスタイン奄美 ザ六調

群島14市町村対抗

23日、徳之島町で初開催

奄美群島十四市町村対抗の六調大会が二十三日、大島郡徳之島の町立勤労者体育館前広場で開かれる。南米のサンバにも匹敵するといわれる伝統の踊りを一堂に集める初の試みで、題して「フェスタイン奄美・ザ六調」。主催のKTS鹿児島テレビは、大会の模様を来年一月四日、九十分の特別番組として放送する予定だ。

開会は午後六時。各市町村が蛇味線・唄（うた）、太鼓、指笛各一人、踊り十人以内で一チームずつを編成し、エネルギッシュでリズム感あふれた踊りを各四分の持ち時間いっぱいに展開する。審査員は国立歴史民俗博物館教授の小島美子さんなど三氏。ゲストの坪山豊さんらによる島唄や、徳之島三町民俗芸能保存会の郷土芸能も花を添える。

大会を企画、番組の制作も受け持つKTSの堂脇梧ディレクターは「いずれは阿波おどりや江差追分大会のような全国的イベントに」と意欲満々。「この七月、取材で徳之島を訪れた時初めて見て、その優雅さ、ダイナミックさに圧倒されました。地元の協力もいただいたし、ぜひ成功させて奄美観光の新しい目玉にしたい」と話している。

なお、二十二日に鹿児島空港を出発、二十三日の午前中には特別開催の闘牛も見学できる二泊三日の大会ツアーがある。宿泊料など込みで三万八千円。問い合わせはグローバルユースビューロー（0992㉒2175）まで。

M61 11.20

「フェスタイン奄美・ザ六調」／昭和 61 年 11 月 20 日、南海日日新聞

小島は日本民謡大賞などの民謡コンクールの審査員としてよく顔を出していたが、和美が日本民謡大賞に出場したときには、二回とも都合が悪くて審査員を務めることができなかった。

和美には、

「ごめんね」

と詫びの電話が入ったが、当原のときも中野のときも、奄美島唄が日本一になったときには必ず小島が審査員として参加していたので、これは大きなハンデだった。

世間的には中立と思われている審査員だが、実際にはそれぞれの〝推し〟を持っているのが現実だったのである。

思い出す人々

「かずみ」には世間的に名前と顔が知られた有名人もたくさんやって来た。

全員の名前を数えたら、ものすごい数になるだろう。その職種は、俳優、タレント、コメディア

兼高かおると

ンから作家、評論家、エッセイスト、詩人にいたるまで多彩きわまりない。

奄美では、島唄が聞けて、島料理が食べられる店というのは、長いあいだ「かずみ」しかなかったので、来島した有名人は大方訪れていた。いまなおタレントを起用したテレビ番組の撮影では、年に何度も「かずみ」が使われる。

以前は有名人が来店したときには、ノートに一筆書いてもらっていたが、いつの間にかやめてしまったので、実際にどんな人が来たのか詳細はわからない。

「兼高かおる世界の旅」で一世を風靡した兼高かおるが、三味線を手に和美と一緒に写っている写真が壁に貼ってあるが、こんなふうに写真が残っている人は珍しい。

有名人でも、テレビによく出る俳優やタレントなどであれば、顔と名前が一致することは多いが、小説家や詩人のような文化人になると、雑誌の取材でカメラマンらと一緒に集団でやって来ないかぎり、まずわからない。

たまに、そういう文化人が置いていった色紙をインテリの常連が見つけて、

「○○さんが来たの!」

と興奮する様子を見て、あとから有名人なのかと気づくくらいである。

榎木孝明と、右は満本實（平成 17 年）

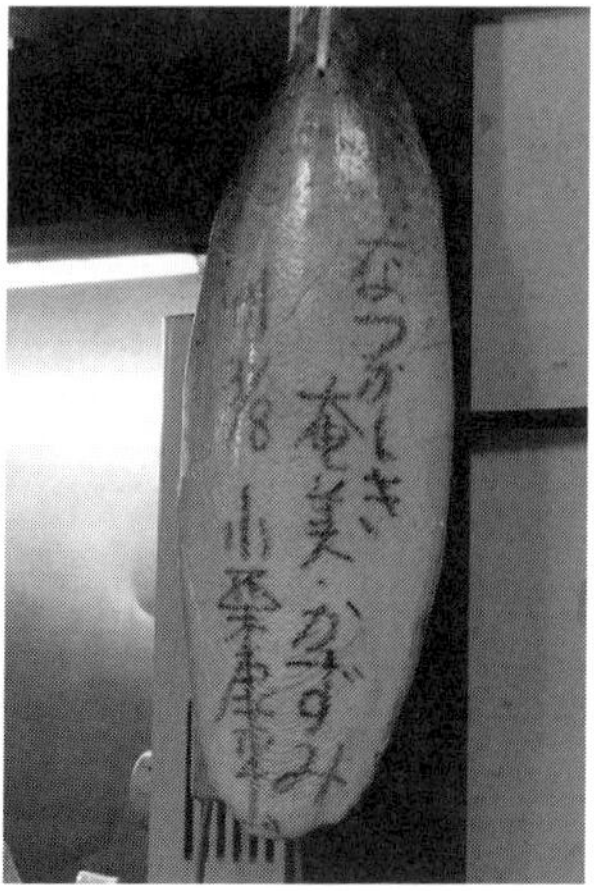

小栗康平のサイン

島で映画の撮影があったときは、監督や俳優がよく訪れた。

一九九〇年に公開された島尾敏雄原作の『死の棘』の制作中には、監督の小栗康平がよく店に来た。主演の松坂慶子には、加計呂麻島にまで行って、映画の中で歌われている「行きゅんにゃ加那節」の歌唱指導をした。映画のエンドロールを見たら、歌唱指導として朝崎郁恵の名前しか記されていなかったので、少しがっかりした。

平成十七年（二〇〇五）に画家の田中一村を主人公とした映画『アダン』が撮影されたときは、主演の榎木孝明がよく姿を見せた。この映画では和美の歌う「イトゥ」が、一村が紬の染色をするときのBGMとして流れる。囃子は三味線の満本實。二人で名瀬の公園で歌い、子供たちや女性たちが手まんかいで踊るシーンが挿入されている。

最近では、平成二十九年（二〇一七）に公開された島尾ミホ原作の『海辺の愛と死』に主演した満島ひかりが来た。満島は沖縄育ちだが、父方の祖母が奄美出身ということで、子供の頃から何度も奄美を訪れていた。

あれは誰だったんだろう、と後から思い返すような不思議な出会いもある。

一度だけ店に来た客だったが、座敷でいきなりさらさらと絵具を使って絵を描いて、そのままプレゼントしてくれたことがあった。龍や鯉や雉が描かれたきれいな絵だったので、店の壁に貼って飾っていた。

ずっとただ動物を描いただけの絵だと思っていたが、あるときその龍や鯉が「西和美」という文字になっているのに気づき、びっくりした。

「西和美」の文字絵

客に合わせて、店を改装したこともある。

平成二年（一九九〇）頃、埼玉県の地域デイケア施設の所長をしていた伝田ひろみという人と知り合いになった。四歳のときにポリオで四肢が不自由になり、電動車椅子で生活していたが、以来そこの施設の人たちが毎年車椅子で「かずみ」に来るようになった。当時は店内の通路が狭く、車椅子が通れなかったので、座敷の端を削って通路を拡張した。おかげで車椅子は通れるようになったが、座敷の幅が狭くなり、座ると少し窮屈になった。

平成に入って店の経営が落ち着いた頃、築地俊造、石岡春代、山田武和ら二十人ほどの歌仲間で、月に一度模合をはじめて、五年くらい続けたことがある。残念だったのは、「万来」の頃に一緒に歌っていた大和村や宇検村のおばさんたちが、店に来て気軽に歌ってくれなくなったことだった。

「あの頃に歌っていた唄を教えて」

と頼んでも、

「あんたのようなプロの前で歌えるような唄じゃないよ」

と断られる。みんなが気軽に歌えるような店にしたかっただけに、唄を一生懸命にやるほどに人が遠ざかっていくようで、寂しさを感じた。

開店以来、「かずみ」では数えきれないくらいお客さんをもてなしてきたが、いまとなっては、あれやこれやと断片的な記憶は思い浮かぶものの、細かいことはあらかた忘れてしまった。

歌遊びの風景（平成 15 年）／撮影　越間誠

誰かがフラっとやって来て、そこに人が集まって、知らないうちに歌遊びがはじまる。いま記憶に残っているのは、そんなときの三味線の音色や唄者の歌声、集まった人々の笑い声だけである。それでも、何かのきっかけでふと思い出すこともある。
沖縄のエッセイストの宮里千里が、家族とともに奄美を訪ねてきたときのことだ。築地が張り切って、車で一家を出迎え、助手席に三味線を載せて一緒に島めぐりをした。築地は、嘉徳のなべ加那の墓の前では「嘉徳なべ加那節」というように、島唄にゆかりの地を通るたびに車を降り、三味線を弾いて歌った。

すっかり感激した宮里一家であったが、飛行機に乗る日、那覇を台風が襲って帰れなくなった。台風が通り過ぎるまで、坪山や築地ら島の唄者たちが連日連夜「かずみ」に集って歌遊びをした。宮里はこのとき、和美から鶏飯のレシピまで教わった。

それがよほど美味しかったのか、そのときのことを書いた「奄美島うた紀行」というエッセイでは、「かずみ」はこう紹介されている。

「奄美の郷土料理である鶏飯屋さん」

第十章　平成の島唄の風景

バブルの中の島唄

奄美民謡大賞を受賞したとき、和美は十曲程度しか島唄を知らなかった。そもそも和美の場合は、ステージよりも店の歌遊びが主体で、一曲で延々と歌詞を掛け合うことが多く、店で歌う曲も限られていたので、曲数を増やす必要性をあまり感じなかったのである。しかし、困ったこともあった。民謡大賞の受賞者は、セントラル楽器でレコードやカセットをつくるのが慣例となっていたが、和美は持ち唄が少なかったのですぐに録音させてもらえなかったのである。

持ち唄を増やすことが喫緊の課題となったが、きっかけは意外なところからやって来た。鹿児島にいる小川学夫から、

「沖縄ジァン・ジァンで独演会をしないか」

という話が舞い込んできたのである。昭和六十二年（一九八七）のことだった。

和美は沖縄ジァン・ジァンには、昭和五十八年（一九八三）五月に築地の相方として一度出演したことがあったが、今回は独演会である。独演会では、少なくとも一時間半はすべて自分で歌わなければならない。

仕方がないので、築地に、

「教えて」

と泣きついた。築地は二カ月くらい毎日「かずみ」に通って、献身的に自分の持ち唄を教えてくれた。短期間ではあったが、集中して二十五曲程度の唄を覚えた。

築地の〝特訓〟が終わったとき、これではじめて島唄に一歩近づけたという気がした。持ち唄が少ないことは、ひそかにコンプレックスになっていたのである。

開店5周年記念ライブ。舞台となった2トントラック（昭和63年）

沖縄ジァン・ジァンの公演は昭和六十三年（一九八八）三月十九日と二十日の二日間で、本番では三味線は築地ではなく、池田嘉成が担当した。

この年の八月五日、「かずみ」の開店五周年を記念するイベントを企画した。イベントは、「かずみ」の向かいの中央電化株式会社の隣の空き地で行った。それまであった長屋が取り壊されて、更地になっていたのである。

そこにクレーン付きの二トントラックを入れ、荷台の周囲を紅白幕で覆い、上にマイクやアンプを置いて即席のステージをつくった。そこで夜七時から坪山、泊忠重、松山美枝子、皆吉佐代子、石岡春代ら九人の唄者が出演するライブを催し、ライブの後はカラオケ大会で盛り上がった。

以来「かずみ」では、日頃支えてくれる人に感謝するために、五年ごとに記念イベントを行うのが慣例になった。そのときは必ず店の料理を振る舞い、島唄のライブを行う。その資金をつくるために、五年間ごとに新しく貯金をする。今度はどんなイベントにしようかと考えながら、次の五年間を過ごすのは楽しい。

左から和美、皆吉佐代子、松山美枝子(昭和63年)

五周年記念イベントのあと、九月九日以降は昭和天皇の容態が悪化し、日本全体が自粛ムードに包まれた。天皇崩御の報をテレビのニュースで聞いたのは、徳之島商工会議所の招きで坪山や皆吉佐代子と一緒に徳之島に向かうフェリーの中だった。昭和六十四年(一九八九)一月七日、朝六時半を少し回ったときである。

徳之島に到着すると、予定されていた新年の催しは中止になり、結局ギャラだけをもらってそのまま帰途についた。

「こんな経験は、めったにできない」

と、三人で話しながら島に戻った。

翌日から、平成がはじまった。

昭和末期から平成の初期にかけては、日本中がバブル景気に浮かれたときだったが、島唄の世界ではそんな雰囲気に拍車をかけるような出来事が起きた。新しい民謡日本一が二人も誕生したのである。

築地の日本一をきっかけに、「奄美民謡新人大会」は「奄美民謡大賞」と改称され、「日本民謡大賞」への前哨戦として位置づけられたが、期待と裏腹に奄美には新たな民謡日本一はなかなか現れなかった。

ところが、平成元（一九八九）年に当原ミツヨが「やちゃ坊節」で十年ぶりに日本民謡大賞で優勝したのに続き、翌平成二年（一九九〇）には、中野律紀が民謡日本一になったのである。しかも中野の場合は、史上最年少の十五歳での優勝というおまけつきだった。

二年連続の快挙に、島は沸き立った。奄美は一気に三人の民謡日本一を抱えることになったのである。

「民謡日本一トリオ」は、島内はもとより本土からもひっぱりだこになり、三人を中心にした大規模な島唄イベントがいくつも企画された。

とくに大きかったのは、平成三年（一九九一）九月七日に尼崎総合文化センター・アルカイックホールで名瀬市と関西奄美総連合会の主催で開催された「91ふるさとのひびき・奄美の唄者大共演IN OSAKA」だった。

イベントには奄美から総勢二十四人の唄者が出演した。全体は三部構成で、三時間半に及んだ。第一部では十三歳の中学生、貴島康男の「雨ぐるみ節」をトップバッターに、奄美十四市町村のシマ一番、ムラ一番の唄者が登場し、二曲ずつ披露した。和美は西古見代表としての出演だった。第二部は新民謡と山田薫の島口漫談、第三部では中野、当原、築地の「民謡日本一トリオ」が登場し、最後に坪山豊が歌った。締めの「六調」では、超満員の観客がわれ先にと舞台に上がり、唄者と一緒に手踊りを踊った。同様の催しはその後、東京や沖縄でも開催された。

一方、当原と中野の民謡日本一は、築地のときとは異なった現象も引き起こした。二人が歌った島唄にまつわる伝説にスポットが当たったのである。

島唄関係の伝説に関しては、沖縄返還前に奄美が観光ブームに沸いた昭和四十年代にも話題になった。昭和四十七年八月には、徳之島の母間で成ちよという娘が歌いはじめたとされる「ちゅっきゃい節」の記念碑が、母間の景勝地である本崎に建てられた。翌四十八年二月には、三百年前に芦花部に住み、美人の誉れ高かったバア加那をうたったという「芦花部一番節」を記念する「あしきぶ一番伝説の碑」が、地元の名瀬市芦花部町に建造された。

奄美の唄者大共演 IN OSAKA ／平成 3 年 9 月 17 日、南海日日新聞

昭和五十年代には、「かんつめ節」にうたわれたヤンチュの娘かんつめの悲劇が、鹿児島オペラ協会の新作オペラや高校生の演劇などに取り上げられて話題になり、昭和五十九年に宇検村名柄の有志によって「かんつめ節の碑」が建てられた。

新たに民謡日本一になった二人が歌った唄も、伝説が残る土地で記念物建造の機運を高めた。

島唄ささげ野茶坊しのぶ
〝伝説の岩屋〟初訪問
住用村で80人

奄美大島の伝説上の人物で島唄にも歌われている「野茶坊《やちゃぼう》」の古里を訪ねる催しが三日、大島郡住用村川内であり、約八十人の参加者が野茶坊が住んでいたと言い伝えられている山奥の岩屋を〝初訪問〟した。

岩屋では奄美を代表する唄者の坪山豊さん（六〇）、西和美さん（四〇）、当原ミツヨさん（四七）の三人が「野茶坊節」などを歌って奉納、伝説の野人に思いをはせた。

今回の企画は五年ほど前から坪山さんのほか、名瀬市で料理店を営む伝集美さん（四二）の二人が温めていたもの。当初は大和村に野茶坊の岩屋があるのではと調べていたが、はっきりしなかった。昨年、伝さんが十五夜相撲でたまたま川内集落に招かれた際、岩屋があることを知らされたという。

この日、参加者は川内から徒歩などで片道約五キロの山道を登ったあと、途中から急しゅんな山肌を数百メートル下りて川内川支流の岩屋に到着。岩屋周辺はうっそうとした木立に包まれ、いまにも野茶坊が飛び出してきそうな雰囲気が漂う。

坪山さんの三味線に合わせ、西さんと当原さんが「野茶坊節」「かんつめ節」などを情感いっぱいに歌い上げると、思い思いの場所に陣取った家族連れら参加者はじっと聴き入っていた。

このほか、岩屋では陶芸家の池澤一さんが「野茶坊碑」をささげ、伝さんが「野茶坊奉納甚句」を披露。川内集落では唄遊びもした。また野茶坊が食べていたと思われる山菜料理をつくり、みんなで舌鼓をうった。

参加者の一人は「自然の中で聴く島唄は、とても生き生きしていて素晴らしかった。感動で胸中がぞくっとしました」と満足そうだった。

岩屋の前で「野茶坊節」を歌う坪山さん、当原さん、西さん（左から）

やちゃ坊の古里を訪ねる／平成３年３月５日、南海日日新聞

当原が歌ったのは「やちゃ坊節」だったが、「やちゃ坊」は伝説の野人とされ、ゆかりの地は大島のあちこちにあった。平成三年（一九九一）には、坪山の提唱で、住用村川内のやちゃ坊が住んでいたとされる岩屋を訪ねるイベントが開催され、八十人もの人が参加した。

和美も坪山や当原とともに、伝説の岩屋の前で「やちゃ坊節」や「かんつめ節」を歌った。一時はこの周辺を「野茶坊公園」とするという提案もあったが、実現しなかった。

中野が歌った「むちゃ加那節」は、むちゃ加那という美貌の女性が友人の嫉妬から海に突き落とされる話だが、よく母親のウラトミの伝説とともに語られる。ウラトミは加計呂麻島の生まれで、薩摩役人の横恋慕から逃れるために喜界島に来た女性だったが、娘の悲報を聞いて海に身を投げる。

ウラトミの生地とされたのが、瀬戸内町生間《いけんま》である。集落には「むちゃ加那の碑」があったが、中野の日本一をきっかけに周辺が整備された。一方、海を隔てた喜界町では、ウラトミはマスカナと呼ばれていた。島の北端の小野津には「ますかな之墓」があったが、中野の日本一をきっかけに近くに「ムチャ加那の碑」が建立され、平成四年（一九九二）七月に「ムチャ加那公園」としてオー

プンした。また、むちゃ加那の遺体が漂着したと伝えられる住用村青久《あおく》にも「むちゃかな之碑」が建立された。

自治体の予算が潤沢にあったバブル期ならではの話であった。

むちゃ加那伝説

民謡日本一で急浮上

火付け役は中野律紀さ

記念碑の整備計画

注目されるむちゃ加那伝説／平成３年１月24日、南海日日新聞

喜界島の「ムチャ加那の碑」

東奔西走の時代

この頃は和美も大忙しだった。平成四年（一九九二）には、先の「ふるさとのひびき」の東京、沖縄公演に出演したほか、三月には関西奄美会総連合会の芸能大会のため、清正芳計とともに中之島中央公会堂で歌った。この大会は二世三世の掘り起こしのために、総会と併せて毎年開催されていたのである。

渋谷ジァン・ジァンで初リサイタル／平成5年3月6日、南海日日新聞

平成五年（一九九三）二月十三日には、はじめて「渋谷ジァン・ジァン」で独演会を行った。相方は坪山豊だった。坪山は、笠利町用出身の関玲子の仲介で、昭和六十三年（一九八八）から毎年ジァン・ジァンで公演を行っていた。築地もまた同じ年から公演を行っており、多いときには年に四回も出演していた。少しずつではあったが、東京でも島唄を聞ける機会が増えていった。

和美は独演会の前に、関東奄美会の会員全員に年賀状を書いて公演を宣伝した。その甲斐あって、当日は収容人数二百人に満たない渋谷ジァン・ジァンに溢れるばかりの客が押し寄せた。会場に目一杯の観客を入れたため、開演時には和美の足元にまで人が座るすし詰めの満員になった。和美は来場した観客全員に、黒糖やヨモギ餅のおみやげを配った。

渋谷ジァン・ジァンのギャラは歩合制で、入った観客の数に比例して多くなる仕組みになっていたから、和美が受け取ったギャラはかなりの高額になった。あとで築地に話すと、

「そんな金額、僕はもらったことないよ」

と、なかなか信じてもらえなかった。

東京公演のすぐ後、二月十八日と十九日には沖縄ジァン・ジァンでもリサイタルを行った。相方

は福沢都美麿・則子夫妻だった。

平成五年（一九九三）は、沖縄ジァン・ジァンにとって最後の年で、十一月二十日の高橋竹山の公演をもって閉館した。島唄の最後の公演は、築地が担当した。当初は東京文化の進出拠点と見なされ、沖縄の文化を壊すのではないかと物議をかもしたこともあった小劇場は、十三年間続いてその役割を終えたのである。

渋谷ジァン・ジァン公演のチケット

一方、渋谷ジァン・ジァンは、平成十二年（二〇〇〇）四月まで続いた。和美は平成十一年（一九九九）九月二十五日に森田照史を相方に最後の独演会を行った。渋谷ジァン・ジァンにおける最後の島唄公演は、坪山豊だった。

コンサートばかりではない。バブル期には全国のあちこちで奄美物産展が盛んに行われ、和美はよく販売促進のために駆り出された。物産展に行くときには、少なくとも一週間は「かずみ」を閉めなければならなかったが、バブル期の物産展では日当は二万円、ほかにも「移動手当」と称して五千円が支給された。正直それだけ収入があれば、収入面では店を開けているよりも条件がよかった。「かずみ」の客もまだ常連ばかりの時代で、店のシャッターが下りていれば、

「ああ、また和美がどこかに行っているな」

と思うだけの、呑気な時代だったのである。

田畑金光の胸像（令和５年）

物産展で忘れられないのは、福島県いわき市を訪れたことである。このときは、「常磐ハワイアンセンター」に十日間ほど滞在した。現在は「スパリゾートハワイアンズ」という名称になっているこの施設は、のちに映画『フラガール』（二〇〇六年）の舞台になり、全国的にその名を知られるようになった。

炭鉱町だったいわき市が、石炭不況で閉山が相次ぎ、傾きかけた町の財政の立て直しと炭鉱町の雇用の創出を目的にハワイアンセンターの建設を計画して、炭鉱夫の妻や娘たちがまったく経験のないフラダンスに挑戦したのである。

和美たちはこうした事情については何も知らなかったので、一緒に行った築地は舞台に並んだフラガールを見て、

「なんでこんなおばさんやスタイルの悪い女性がフラダンスをやっているんだ」

と驚いていた。

和美たちが行ったときは、まだ舞台脇の熱帯植物が植えられて間もない頃だった。映画『フラガール』の中では、その植物の葉が青々と茂っており、懐かしさと同時に時の流れを感じた。

奄美物産展がいわき市で行われたのは、当時市長だった田畑金光が奄美大島龍郷町の出身だったからであった。田畑は故郷の「りゅうゆう館」前に胸像も建つ奄美の立志伝中の人物で、東京帝大

法学部を卒業後、満州国政府に入り、陸軍主計大尉を経て、いわき市の大日本炭礦に就職し、福島県議会議員、参議院議員、衆議院議員を歴任したのち、昭和四十九年から六十一年まで三期にわたっていわき市長を務めた。

田畑が盛んに大島紬を宣伝したせいか、いわき市では紬姿の女性をよく目にした。あとから聞いた話では、和美たちの行った物産展の紬の売り上げ額も何十億円かに上ったということだった。

宿泊したホテルには、プロレスラーのジャイアント馬場が興行のために滞在していて、エレベーターでときどき一緒になったが、和美の頭が馬場の脇にも届かないほどの長身で、仰天してしまった。どこに行ってもお祭り気分で、賑やかな時代だった。

サッポロビール園で坪山と

和美は物産展から島に戻ってくるときは、いつも訪ねた土地の名産品をお土産に買ってきて、常連客に振る舞った。そんなとき、店はいつも満員になった。坪山と一緒に北海道に出かけたときは、帰り際に五万円分の毛ガニを仕入れて、坪山から、

「おまえは馬鹿か」

と呆れられた。

バブル期には関西奄美会などの招待で舞台に立つと、客席から次々とハナがお札のまま飛んできた。わざわざ袋に入れてくれる人もいたが、小さなポチ袋だから大した額は入っていないだろうと思って開封すると、一万札が何枚も押し込んであった

『西和美傑作集』（平成９年）のジャケット／セントラル楽器

りした。ギャラよりもチップの方が多いこともよくあった。

舞台がはねたあと、奄美出身の経営者がいるスナックに行って歌うと、そこでもまたママが一万円札を着物に挟んでくれた。カウンターに並んでいる社長連中からも、どんどんお札が飛んで来た。

大島紬関係の経営者たちの前で歌えば、

「自分がつくった紬を着てくれ」

と、高価な着物をもらうことも珍しくない時代だった。

平成九年（一九九七）には、セントラル楽器から『西和美傑作集』というカセットテープを出した。十八曲入りで、三味線は岡野正巳と福沢都美麿、囃子は福沢則子が担当したが、「雨ぐるみ節」だけは築地が三味線を弾き、囃子をつけた。

テープが発売されると、関西奄美会の招きなどで歌いに行くときには、

「五十本くらい持ってこい」

と事前に連絡があった。そんなに売れるのかと半信半疑で担いでいくと、本当にものすごい勢いで売れた。

結局、セントラル楽器が製作した一万本のテープはわずか二、三年で完売した。これにはさすが

の指宿も驚いていた。

かつて島唄はお金とは無縁だった。和美もまた島唄がお金に結びつくと思ってはじめたわけではない。しかし、和美が頭角を現した時代は、偶然にも日本の景気が良かった時代だった。お金のために歌ったわけではないが、島唄がお金になったことは紛れもない事実である。おかげで懐もうるおい、島唄を歌わなければ行けなかったような土地に行くこともできた。

とはいえ、シマジマで生活の慰みのために歌われてきた唄と、ハナが乱れ飛ぶステージで歌われる唄が同じであるはずはない。時代の中で、島唄は生活の唄からいつの間にか芸のための唄へと変わっていった。バブル期は、それ以前から進んでいたこうした島唄の変容を、はっきりと告げる時代でもあったのである。

CD『西和美の世界』（平成 11 年）のジャケット／セントラル楽器

幸い和美にとって、島唄はステージのためだけのものではなかった。どんなにステージが華やかになっても、「かずみ」に帰ってくれば、いつもの歌遊びがはじまる。おかげで島唄の原点を見失うことはなかった。

カセットテープが完売したので、平成十一年（一九九九）十一月に、『西和美の世界』というタイトルのCDを発売した。テープの収録曲を指宿が厳しく取捨選択し、新しく坪山の三味線で録音した六曲を加えた二十一曲が収録された。指宿は自分の会社で出す録音に関しては絶対に妥協しない人であった。

CD 発売記念ライブで築地と（平成 12 年）

CD 発売記念ライブで中田和子（左）松山美枝子（中央）と（平成 12 年）

ジャケットの写真は、写真家の越間誠が尼崎のアルカイックホール前の広場で撮影した何十枚という写真の中から選んだ。

翌平成十二年（二〇〇〇）二月十日には、名瀬の中央公民館で発売記念のライブを行った。メインは坪山との共演だった。坪山とはそれまで島外でライブを行ったことはあっても、島のステージでの共演ははじめてだったのである。

観客に店と同じような雰囲気でくつろいでもらえるように、ライブでは舞台上に「かずみ」の雰囲気を再現したセットをつくった。客席は立ち見も出る盛況だった。

第十一章　島唄新世代

チビッ子唄者の登場

島唄はもともと大人の楽しみで、子供が歌うものではなかった。

島唄の歌詞はそもそも大半が男女の恋愛をうたったもので、子供向きではない。なにしろ夜這いの唄まである。年配の唄者で、子供の頃にこっそり大人たちの歌遊びを聞いていたら、

「子供が聞くものではない」

と追い払われた経験がある人は少なくない。

それが、あるときから島唄を歌う子供が重宝され、新聞でも〝チビッ子唄者〟として好意的に紹介されるようになった。

昭和四十一年（一九六六）の南日本新聞には、島唄を上手に歌う中学生として、喜界島の十二歳の少女が紹介されている。少しあとで、ときわ良子という十三歳の子供が、自ら三味線を弾いて瀬

戸内町民謡大会で一位になり、「天才少女」として話題になった。昭和四十八年（一九七三）には「ちびっこ島唄大会」という催しが行われ、唄者の生元高男の娘である三姉妹の歌が評判を呼び、ニューグランドの山田米三のプロデュースで、三姉妹が歌う島唄が六曲収録された『子供の歌うふるさとの歌』というアルバムが制作された。子供が歌う最初の島唄レコードだった。

8歳の中野律紀／昭和58年4月28日、南海日日新聞

昭和五十五年（一九八〇）にはじまった奄美民謡大賞に「少年の部」が設けられると、〝チビッ子唄者〟はさらに大衆化した。

最初に脚光を浴びたのは、中野律紀、のちのRIKKIだった。子供の頃から父・正成が聞く島唄レコードを耳にし、四歳のときには「正月着物」を歌っていたという中野は、五歳のとき武下和平のチャリティーショーのアトラクションで初舞台を踏んだ。

その後、父や叔父の中野豊成が立ち上げた教室「古仁屋朝花会」で本格的な島唄の練習を積み、昭和五十六年（一九八一）、六歳のとき、はじめて奄美民謡大賞に出場した。舞台の椅子に座ってもまだ床に足が届かない、いたいけな姿で「行きゅんにゃ加那節」や「正月着物」を歌い、観客から拍手喝采を浴びた。

中野より少し遅れて登場したのが、竹島信一である。

四歳のときに島唄好きの祖母の影響で唄をはじめた竹島は、昭和五十九年（一九八四）、小学五年生のときに父の友人であった坪山豊の門を叩く。同年、はじめて奄美民謡大賞の少年の部に柳信一という名前で出場し、それまで中野が三年連続で受賞していたKTS賞を、中学一年の悦みどりと分け合った。少年の部の出場者は、竹島、悦、中野の三人だけだった。和美が新人賞を受賞した年である。

以来、竹島は六年連続してKTS賞を受賞し、民謡大賞の〝顔〟になる。中野より年上の分、周囲の竹島への期待は大きかった。竹島もそれに応えるように、昭和六十二年（一九八七）に、全九州・中国民謡選手権決勝大会の少年の部に奄美初の出場を果たし、翌昭和六十三年（一九八八）には「キンカン素人民謡名人戦第一回全国子供大会」で日本一になった。

お見事！全国一に

素人民謡名人戦子供大会

名瀬市の竹島君

三十一日にフジテレビスタジオで行われた同テレビ主催のキンカン素人民謡名人戦第一回全国子供大会で、名瀬市の竹島信一君（金久中三年）が見事優勝の栄冠に輝いた。

見事栄冠に輝いた竹島君

竹島信一、全国一に／昭和63年8月1日、南海日日新聞

大島工業高校二年のときには、「島唄を通して」と題した作文で県高校弁論大会で最優秀賞も受賞している。その一節。

「ある時、市内の老人ホームへ慰問した時のことです。僕は、いつものように唄っていました。するとどうでしょう。一番前の席のお年寄りが、僕

若い歌声、聴衆を魅了
竹島信一君、皆吉恵理子さん、御者マンVE
卒業コンサ
皆吉と竹島の卒業コンサート／平成４年３月２日、南海日日新聞

の唄を聞きながら涙を流しているのです。それを見たら僕も胸がしめつけられそうになり、僕の唄でこんなにお年寄りが喜んでくれるんだなあと思い、それ以来、老人ホームへの慰問の話が出ると喜んで飛んで行き、僕の唄でみんなが喜ぶなら、何曲でも唄ってやりたい、そう思うようになりました。（……）世の中、お金も大切ですが、こうしたボランティアを通して、島唄を通して、お金には換えられないものを僕は得たと思います」

竹島と同年輩の皆吉恵理子も、早くから「チビッ子唄者」として注目された一人である。坪山豊の囃子として知られた皆吉佐代子の娘で、竹島と同様、小学五年から坪山のもとで指導を受け、昭和六十年（一九八五）一月にスタートしたＮＨＫのローカル番組「奄美のうた」では坪山の囃子をつとめた。奄美民謡大賞でＫＴＳ賞、鹿児島大会青年の部で準優勝、九州大会で四位入賞と、コンクールでも活躍した。

平成四年（一九九二）三月、高校を卒業して島を離れることになった竹島と皆吉は、中央公民館で「卒業！　さよならコンサート」を開催する。子供の頃から島唄ファンに親しまれた二人の卒業とあって、会場にはホールに入りきらないほどの観客が詰めかけた。その後、竹島は就職で新潟に行き、皆吉は鹿児島の短大に進んだ。数カ月後、皆吉は民謡大賞で新人賞を受賞した。

竹島はその後十年以上大島を離れるが、三年後の平成七年（一九九五）一月六日には、島唄ファンで組織された「竹島信一さんを支える会」の主催で、中央公民館で「ふるさとへの熱き思い」と銘打ったチャリティーショーを行った。成人の記念と育ててくれた地域への感謝ということで、和美も築地と一緒にゲスト出演した。

チビッ子唄者はほかにもいた。昭和六十年（一九八五）十二月の南海日日に、

「チビッ子〝歌姫〟はひっぱりだこ」

という見出しで紹介されたのが、六歳の里アンナである。平成三〇年（二〇一八）に、NHK大河ドラマ『西郷どん』で主題歌を歌うことになる里は、竹島や皆吉よりも数歳年下だった。

笠利町須野で祖父の恵純雄から三カ月特訓を受けて、島唄を四曲マスターし、町内の老人クラブに招かれてお年寄りを喜ばせているという内容の記事であったが、里はその後も毎日祖父と島唄の練習を続け、昭和六十二年（一九八七）、

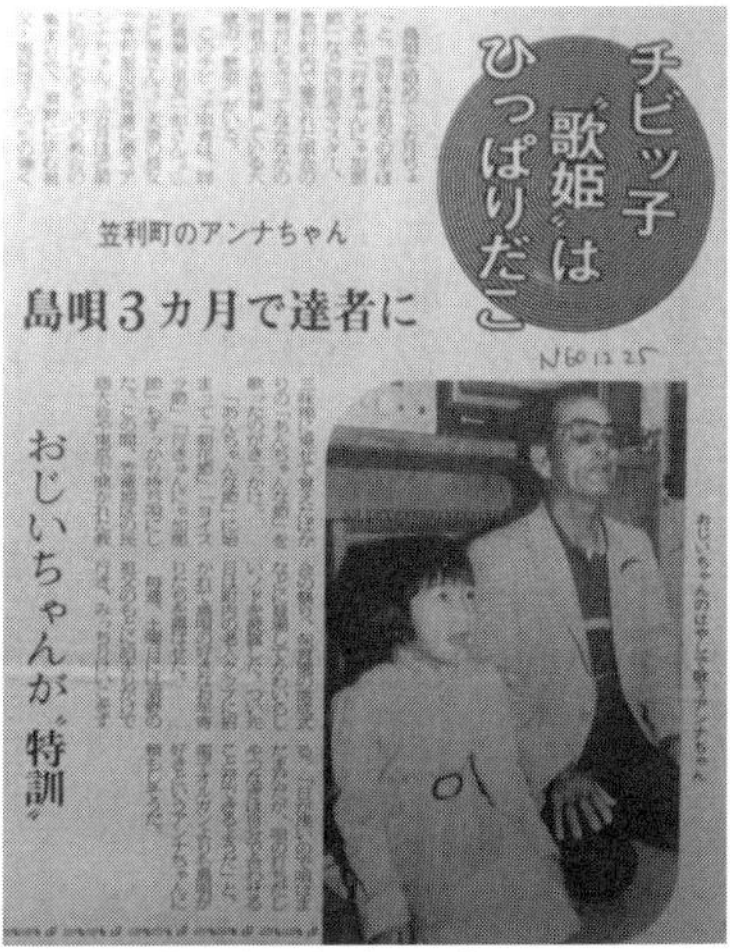
チビッ子〝歌姫〟はひっぱりだこ
笠利町のアンナちゃん
島唄3カ月で達者に
おじいちゃんが〝特訓〟

里アンナ初登場／昭和60年12月25日、南海日日新聞

小学二年生のときにはじめて奄美民謡大賞に出場する。この年の少年の部の出場者は竹島、皆吉、中野、里の四人だった。

貴島康男

翌昭和六十三年（一九八八）の奄美民謡大賞では、小学四年の松元良作が初参加、翌平成元年（一九八九）には小学六年の貴島康男が初参加した。

貴島はその年に坪山豊に師事したばかりだったが、翌平成二年（一九九〇）には中学一年で少年の部の優秀賞を受賞、日本民謡大賞全九州・中国大会少年の部でも優勝する。翌平成三年（一九九一）の民謡大賞では、史上最年少で新人賞を受賞、セントラル楽器から『美らの唄声　貴島康男』というカセットテープを出した。

同年、琉球フェスティバルにも出演して「嘉徳なべ加那節」を歌い、その歌唱は『琉球フェスティバル91 語やびら島うた、ふたたび』というＣＤに収められているが、変声期前の真っ直ぐな歌声は、大器を予感させた。

翌平成四年（一九九二）、貴島は民謡大賞で特別賞を受賞するが、審査委員長の築地俊造は講評でこう述べた。

「今回は大賞該当者なしとなった。貴島康男くんの「雨ぐるみ節」が全出場者中、点数は一番上。ただ奄美民謡大賞は日本民謡大賞と違う。少年の貴島くんは将来の島唄界を背負う人材に育ってほしく、島唄に対する全般的知識などもっともっと勉強してほしいと思い、大賞を見送った」

貴島の歌唱は大賞に値したが、年齢的に若すぎたというのである。築地が日本民謡大賞と比較したのは、二年前に十五歳で民謡日本一になった中野律紀

N63.4.21

里アンナさん　松元良作くん　中野律紀さん　皆吉恵利子さん　竹島信一くん

奄美民謡大賞
——27日・28日

お友達も5人出場
おうえんしてね！

南海日日新聞社とKTSが主催する六十三年度「奄美民謡大賞」は二十七、二十八の二日間、名瀬市長浜町の奄美振興会館で開かれます。

大会には、おとなたちにまじって五人のチビッ子唄者も出場する予定で、まいにちいっしょうけんめい練習しています。

五人は里アンナさん（笠利小三年）、松元良作くん（緑が丘小四年）、中野律紀さん（古仁屋中二年）、皆吉恵利子さん（赤徳中三年）、竹島信一くん（金久中三年）。

二十七日午後六時からの予選大会では、かだい曲の「朝花節」と、それぞれの自由曲を歌います。みんなもおうえんしてね。

チビッ子の活躍／昭和63年4月21日、南海日日新聞

5.4.15

民謡"甲子園"が消滅

島唄を「全国区」にしたイベント

唄者　ファンがっかり

県大会は存続

日本民謡大賞終わる／平成5年4月5日、南海日日新聞

の前例があったからだった。貴島はそれより若い十四歳だったが、それまでの奄美民謡大賞の最年少記録が和美の四十三歳であったことを思えば、審査員の判断も頷けた。

この年の四月、民謡界に大きなニュースがあった。日本民謡大賞の打ち切りである。背景にはバブル崩壊による広告収入の悪化があったという。奄美民謡大賞は第一回以来、日本民謡大賞の前哨戦として位置づけられてきたが、肝心の本選がなくなってしまったのである。以後、奄美民謡大賞は毎年の島唄の最高峰を決めるためだけのコンクールになる。

十四歳で最高の歌唱を聞かせた貴島は、その後変声期を迎えるときっぱりと歌をやめ、十六歳で高校を中退し、島を離れて鹿児島で左官の仕事についた。

貴島がいなくなった民謡大賞を盛り上げたのは、若い女性たちだった。

まず、元ちとせである。瀬戸内町嘉徳出身の元は、平成三年（一九九一）、十二歳のときに「よいすら節」で民謡大賞に初挑戦する。翌年、奨励賞を受賞し、平成五（一九九三）年には少年の部で優秀賞、高校一年であった平成六年（一九九四）には新人賞、翌年の第十七回大会では大賞を受賞し、それまでの和美の最年少記録を一気に二十六歳も縮めた。

翌平成九年（一九九七）には、里アンナが高校三年生で新人賞を受賞。翌平成十年（一九九八）には、里と同年齢の中村瑞希が十八歳で新人賞を受賞と、女性たちの活躍が続いた。

そんなとき、貴島康男がフラっと島に帰って来た。鹿児島でカラオケを歌っているときに、突然裏声が戻っていることに気づき、無性に島に帰って島唄を歌いたくなったのだという。平成十一年（一九九九）のことだった。

師匠の坪山は、まるで何事もなかったかのように、

「また歌うか」

と迎えた。

この年、久々に奄美民謡大賞に出場した貴島は、中村瑞希と青年の部の優秀賞を分け合った。その声はかつての透明で伸びやかな少年の声ではなく、艶と色気を加えた大人の声になっていた。民謡大賞の舞台に戻ってきた貴島に観客は喜び、ほかの唄者の囃子で舞台に登場しただけで会場から拍手が起きるほどだった。

貴島はその年、鹿児島で行われた鹿児島県民謡王座決定戦で優勝し、その後この大会に三年連続で優勝して、規定に従って名人位につく。翌平成十二年(二〇〇〇)には、セントラル楽器から『あやはぶらの唄』というCDもリリースした。

元ちとせ、奄美民謡大賞を受賞したとき。囃子は森山ゆり子(平成8年)/提供　南海日日新聞

貴島康男、鹿児島県民謡王座決定戦で(平成13年)/提供　南海日日新聞

「かずみ」にもよく出入りして歌った。現在の「かずみ」の店舗の床を貼ったのも貴島である。それまでコンクリートがむき出しの無粋な床だったので、改装を検討していたときに、

「十万でやる」

と請け負ったのである。

喜界島のチビッ子たち

チビッ子唄者は大島以外にもいた。なかでも喜界島の安田民謡教室は才能あるチビッ子を輩出した。

安田宝英は、昭和二年（一九二七）、徳之島伊仙町の出身。勤務する農機具販売会社の転勤で一九六三年に名瀬から喜界町に移住し、一九七〇年に自分が販売した農機具のアフターサービスのために安田鉄工所を設立した。

趣味で自己流の島唄を歌っていたが、喜界島で武下和平の公演を聞いてからは、独学で武下節を学んだ。

島の人たちと歌遊びをするうちに、

「島唄を教えてくれ」

と頼まれることが多くなり、昭和四十二年（一九六七）頃から自分の勉強も兼ねて教室を開いた。教えるのは喜界島の伝統的な唄ではなく、武下を通して覚えたヒギャ節だった。

昭和五十三年（一九七八）十月の南海日日には、「親子三代で島唄うたう」という見出しで、「三十過ぎれば子が歌い、四十過ぎれば孫も歌う」を地で行く一家として、中学一年の娘や長男の子供二人と一緒に歌う五十代の安田が紹介されている。喜界島では有名な島唄一家だったのである。

平成六年（一九九四）、民謡大賞の本選大会のオープニングに、安田民謡教室の「こどもクラブ」がゲスト出演する。翌平成七年（一九九五）、少年の部に小学五年生の牧岡奈美と川畑さおりが初参加、翌平成八年には永志保と武梨奈子も加わり、以後安田の生徒たちは大会の常連となっていく。

安田は平成八年（一九九六）、日本民謡協会奄美連合喜界支部を立ち上げ、記念に阪神大震災見舞いのチャリティー島唄大会を開催した。和美も参加したが、渡哲一、恵澄雄、生元高男、当原ミ

安田と生徒たち、奄美民謡大賞で／平成8年5月14日、南海日日新聞

安田民謡教室のチャリティー島唄大会（平成8年）

安田宝英と／撮影　越間誠

ツヨ、里アンナ、元ちとせなど、島唄の重鎮から新人まで多彩なメンバーが集まった。

和美は安田夫人の末子と親しく、民謡教室のイベントにはよく招かれたが、安田の生徒たちが民謡大賞などで名瀬にやって来るときには、「かずみ」を休憩所代わりに開放した。

安田は温厚でいつも笑顔を絶やさないような人だったが、末子は逆に子供たちを叱ることを厭わなかった。築地はそんな末子を、親しみを込めて「オニババ」と呼んだ。末子もこのニックネームを自称したので、その名はすぐに教室の生徒たちのあいだにも広がった。

生徒の中で突出した実力を持っていたのは牧岡奈美だった。教室では皆が牧岡の歌を真似るので、

「安田民謡教室は奈美節」

とさえ言われた。教室では生徒同士が教え合い、学び合うようにするのが安田の指導法だった。子供は先生よりも身近な〝おねえさん〟を真似ることを知っていたのである。

牧岡は鹿児島県民謡王座決定戦少年の部で三年連続優勝して、十六歳で名人位についた。平成九年（一九九七）には、民謡民舞少年少女大会で全国三位になったのを記念して、セントラル楽器から『牧岡奈美傑作集』というカセットテープを出した。

各地のコンクールの受賞者を輩出する安田の教室をマスコミは見逃さなかった。平成十年（一九九八）九月三十日付の「西日本スポーツ」は、元ちとせや牧岡奈美の写真を大きく掲げ、

「奄美版アクターズスクール」

「ポストアムロよ風に乗れ」

などという見出しを並べて、安田民謡教室を安室奈美恵らのスターを育てたことで知られた「沖

縄アクターズスクール」と比較して、こう書いた。

「これまで奄美の唄者は別に仕事を持ちながら歌ってきた。ところが、最近の少女たちは自分の力を試そうと、上京するようになったのだ」

同紙はRIKKIや里アンナを〝先駆者〟として紹介して、その年の十月から東京で活動を始める元ちとせに触れ、

「芸能界で奄美旋風を巻き起こす日も近い」

と結んでいた。

奄美の元祖〝チビッ子唄者〟中野律紀は、日本民謡大賞で日本一になったのち、上京してRIKKIとしてポップスの世界で活躍していた。里アンナも高校卒業後、すぐに上京してポップスの道を選んだ。十六歳で民謡大賞を受賞した元も、高校卒業後に志した美容師への道を薬品アレルギーで断念してから、ポップスの世界に入った。

若者の前に島唄からポップスへという道が現れはじめていた。

牧岡奈美、奄美民謡大賞新人賞を受賞したとき（平成12年）／提供　南海日日新聞

島か、本土か

元ちとせが島唄を歌う姿を見て島唄をはじめたのが、中孝介だった。中が「かずみ」にフラっとやって来たのは、まだ奄美高校の生徒だった頃だ。

「かずみ」の常連の一人である水間忠秀は、その頃の中をよく覚えている。三味線の上達が舌を巻くほど早かったからである。

「数日前にここまでまで弾けたと思ったら、次に来るときには、もうずっと先に行っている。なんだ、この子は、と思った」

中が元ちとせの島唄を生で聞いたのは、平成八年（一九九六）十月、高校一年のときである。奄美で生まれ育ちながら、それまで島唄に接する機会はほとんどなく、はじめて聞いた元の生の歌声に衝撃を受けた。

翌年の六月にいとこの結婚式で里アンナの島唄を聞き、再び心を動かされた中は島唄を習うことを決心し、笠利出身ながらヒギャ唄好きの母や祖母の薦めで、坪山豊の家を訪ねる。

それからは毎日三味線を手に練習に励み、一年も経たないうちに何曲かは歌えるようになった。一曲の習得に何カ月もかかる島唄であったから、周囲からはその練習熱心さを褒められたが、島唄の練習は苦ではなく、むしろ楽しいくらいだった。

平成十年（一九九八）二月、坪山の前で「くるだんど節」を披露すると、坪山はその成長ぶりに

舌を巻いた。同年五月に行われた奄美民謡大賞で「俊良主節」を歌って努力賞を受賞すると、

「そんなにできるのなら、もう自分でやったら」

と早々と〝卒業〟を言い渡された。

小学校のときに吹奏楽部に所属し、中学のときに教師についてピアノを習いはじめた中は、もともと音楽の才能に恵まれていた。

和美は中と一緒に、五年間くらい関西奄美会などが主催する大きな舞台を回ったが、その三味線のセンスに驚かされることがよくあった。舞台で歌いながら、あまりにもナツカシイ、大人びた三味線が聞こえてくるので、思わず、

「本当に孝介が弾いているのか」

と、振り返って確かめたくなるときもあった。中がまだ二十歳そこそこの頃のことである。

中孝介、奄美民謡大賞新人賞を受賞したとき（平成12年）／提供 南海日日新聞

中は平成十一年（一九九九）にジャバラレコードから『ATARI』でCDデビューし、その年の奄美民謡大賞で奨励賞、翌平成十二年（二〇〇〇）には新人賞を受賞した。民謡大賞ではその後、平成十四年（二〇〇二）に牧岡奈美、平成十五年（二〇〇三）に中村瑞希と若手の大賞受賞が続いた。

かつて深刻に継承が危ぶまれた島唄の世界

に、いまや片手では足りないほどの才能ある若い唄者が誕生していた。島唄の将来は安泰に見えた。

しかし島唄の先にポップスという道が現れたいま、民謡大賞は必ずしもゴールではなかった。元ちとせブームのさなかに民謡大賞を受賞した牧岡奈美は、受賞後のインタビューでこう語った。

「ちとせ姉ちゃんのおかげで島唄の良さを多くの人が理解するようになった。上京して音楽の道を目指したい。ちとせ姉ちゃんのように島唄を基礎にして、私なりの道を探っていきたい」

いつのまにか、島の若者の前には二つの選択肢が現れていた。島を離れて東京でポップスの道に向かうか、島にとどまって島唄を続けるか、である。どちらを選択するかで、若手は割れた。

貴島康男はレコード会社からの誘いを断って、仕事のかたわら趣味の釣りを存分にでき、好きなときに島唄を歌える島での生活を選んだ。高校時代の仲間と結成したピンポンズというバンドで、エレキギターの音に乗せて島唄を歌い、平成十三年（二〇〇一）にはCDを制作、翌年には南日本放送（MBC）主催のMBC夏祭りで坪山豊と共演し、その様子はテレビでも特番で放送された。

日本民謡大賞が消滅したあと、実質的な民謡日本一の賞となった民謡民舞全国大会総理大臣賞を平成十七年（二〇〇五）に受賞した中村瑞希も、鹿児島の短大を卒業後、故郷の大笠利集落に戻り、音楽事務所からのオファーを断って島で幼稚園教諭の仕事を続けた。

中村が島唄を習ったのは、「大笠利わらぶぇ島唄クラブ」だった。このクラブは、昭和五十八（一九八三）年に山田望の呼びかけで発足した島唄教室で、中村は小学四年生のときに親戚の結婚式で島唄を歌うため、隣家に住んでいた対知広夫に島唄を習ったのが縁で、対知が指導するこの教室に入ったのである。

平成十九年（二〇〇七）、「シマの暮らしを選んだ唄者」という見出しの南海日日の元旦特集で、中村はこう語った。

「民謡日本一の称号を手にしても、島の中で島唄を歌っていくことには全然関係ない。本土で活躍して奄美をＰＲするのはいいことだが、私は島に残ることを選んだ。島にいてもやれることはたくさんあるんだということを、これから大人になる子供たちに感じてもらいたい」

島の音楽シーンも少しずつ変わりはじめていた。ちょうど貴島が島に戻って来た頃、麓憲吾が名瀬にライブハウス「ASIVI」をオープンさせた。

麓は高校卒業後、就職でいったん東京に出たあと、二十二歳で島に帰り、島唄漫談バンド「サーモン＆ガーリック」のドラマーとして仲間たちとライブイベントを開催していたが、会場としてよく使われていたレストランが売却されることになったので、それを買い取ってライブハウスに改装したのである。

中村瑞希、奄美民謡大賞決勝で（平成15年）／提供　南海日日新聞

平成十三年（二〇〇一）二月には、ASIVIで「夜ネヤ、島ンチュッ、リスペクチュッ！（今夜は島の人々に敬意を払おう）」というライブイベントを行い、島唄関係のライブとしては異例と言えるほど多くの観客を動員して成功させた。

平成十三年（二〇〇一）には、旧奄美空港跡地に奄美パークがオープンし、屋内のイベント広場が島唄の新たなステージになった。
島で島唄を歌いながら、さまざまな活動ができる土壌が整いつつあった。

第十二章　転機

開店二十周年記念

開店以来、五年ごとにイベントを行ってきた「かずみ」であったが、平成十四年（二〇〇二）七月二十一日の二十周年記念は、当時の島唄の活況も手伝って、それまでもっとも規模の大きなイベントになった。

昼はいまの「ＡｉＡｉひろば」の辺りにあった大型スーパー「まるはセンター」跡の建物を会場にして無料ライブ、夜は「かずみ」の周辺の路上で二次会と、昼夜合わせて八時間という長丁場である。「かずみ」の入り口には「立食パーティー会場」という張り紙が貼られ、格安で郷土料理が振る舞われ、無料で綿菓子やかき氷が提供された。

昼の島唄ライブには二百人近い観客が集まった。百十脚の椅子を用意したが、それでも足りずに立ち見が出た。

西和美さんの郷土料理店20周年

商店街で唄者集い島唄ライブ

2002.7.22

名瀬市内商店街の「AiAiひろば」で二十一日、奄美の代表的な唄者らを集めた約四時間のラ

唄者の共演にわいた島唄ライブ

会場は奄美大島内外か

「かずみ」開店20周年記念ライブ／平成14年7月22日、南海日日新聞

坪山はあいにく公演で名古屋に出かけて不在だったが、ベテラン、若手を合わせて、島を代表する唄者が総出演した。司会は当時売り出し中の島唄漫談バンド、サーモン&ガーリックが担当した。

「きょうは「かずみ」の三十周年、いや二十周年。いえば「かずみ」の成人式でございます」

という紹介のあと、和美が登場して、

「二十年も続けられるとは思いませんでした。必死になってやって参りました。これも島唄があったからこそだと思います。まだまだ勉強不足ですが、これからもみなさんを楽しませていけるようにがんばります」

と観客に挨拶をした。和美のあと、中孝介が登場し、福沢則子の囃子で、

「今日のほこらしゃ、いつよりもまさり、いつも今日のごとく、あらちたぼれ（今日の嬉しさはいつも以上です。いつも今日のようにあってほしいものです）」

という歌詞で、祝い付けの「ほこらしゃ節」を歌った。

続けて、チビッ子唄者、里兄妹が登場。兄の朋樹が小学六年生、妹の歩寿は小学三年生であったが、幼いながらも堂々とした歌いぶりに大きな拍手が起こった。

次に坪山教室の十九歳の新鋭、山田（のち安田）葉月が、中孝介の三味線で「よいすら節」を歌い、司会のサーモン&ガーリックが自ら三味線を手に「朝花節」と「イトゥ」を披露。囃子の「シマ一番よムラ一番よ」を「ワンが一番ヤは二番」と変えたり、「イトゥ」の「ハラヘンヤー」を「腹減った〜」と歌ったりするたびに、会場に笑いが起こった。

山田武和の「俊金くゎ」、中孝介の「上がれ立ち雲節」のときには、どちらも和美が相方として登場した。満本孝子・實姉弟は「夫婦ではありません」と断ってから、息の合った歌唱を披露。上下黒のダンディーないでたちの築地俊造は、いつもコンサートの最初に歌う「懐かしゃヤー」を、歌詞を「かずみの二十周年祝てたぼれ」と変えて歌った。築地はトークで、

「食べ物に旬があるように、人間の一生にも旬がある。和美さんはいまノリにノっていて人生の旬にあるのではないでしょうか」

と語り、「かずみ」にちなんで島料理を詠み込んだ歌詞を「くるだんど節」で歌った。

宴は平山淳子と阿世知幸雄の「まんこい節」、森山ユリ子と久保文雄の「太陽の落てまぐれ節」、福沢都美磨・則子夫妻の「東れ立雲節」、昇喜代子・和美親子の「いきょれ節」と「国直よね姉節」、中が築地の「行きゅんにゃ加那節」と「らんかん橋節」と続いて、松山美枝子が、福山幸司の三味線で登場。

「フランドールにいたとき、終わったら和美さんのところで歌遊びをしていましたが、あれから

二十年も経ったんですね」

と語ってから、「くるだんど節」と「請くま慢女節」を歌い、さらに客席を歩いて観客にもマイクを渡しながら、懐メロの「籠の鳥」を歌った。この歌の歌詞は、

籠の鳥でも　智恵ある鳥は
人目忍んで　逢いに来る
人目忍べば　世間の人は
怪しい女と　指ささん
怪しい女と　指さされても
誠心《まごころ》こめた　仲じゃもの

と「流れ」のような形式になっているのである。

「税理士事務所でお堅い仕事をしている」という紹介のあと、再び満本實が登場して「花染め節」を、森チエが日置幸男の三味線で「朝花節」を歌ったあと、鮮やかなオレンジ色の着物を来た貴島康男が現れた。和美と一緒に「朝花節」と「よいすら節」を歌ってから、

「いつも僕はわがままで、言うことを絶対に聞かないんですけど、今日はひとつ聞こうと思います」

と、和美からのリクエストであると前置きして「徳之島節」を歌った。和美は、

「康男くんが横で歌うのを聞いていて、自分が二十年間やっていたことを思い出して涙が出まし

た」

と語り、十八番の「雨ぐるみ節」を歌った。締めは二人の師匠である坪山が作曲した「綾蝶節」だった。

若手の最後に竹島信一が現れ、和美と一緒に「かんつめ節」と宇検の湯湾が発祥とされる「うんない節」を歌ったあと、当原ミツヨと恵純雄が登場し、カサン節の「雨ぐるみ節」と十八番の「やちゃ坊節」を披露。再び森チエが今度は竹島と「俊良主節」を、さらに築地が「こうき節」を歌い、最後は出演者全員で「ワイド節」と「六調」になった。和美が最後の挨拶を終えると、

「和美ネェ、バンザーイ」

と舞台脇からサーモン&ガーリックの万歳三唱の声が上がった。

夜の部では、「かずみ」前の路上にアンプとマイクが置かれ、ピンポンズやマルタバンドが演奏し、中村瑞希が「請くま慢女節」を歌い、うるまエイサーが店の前で跳ね回りながら、勇壮な太鼓の音を響かせた。竹島、貴島、中が三人そろって三味線を弾いて、「六調」や「ワイド節」を歌い、宴は深夜にまで及んだ。

和美、倒れる

築地がいみじくも「人生の旬」と言ったように、当時の和美は気力体力ともに充実していた。もともと酒好きだったので、仕事をしたあとは「かずみ」で朝の三時や四時まで飲んで、そのまま家

に帰らずに屋仁川まで飲みに行き、一時間ほど仮眠をして、目が覚めたらすぐに水泳やゴルフに出かけるというような日が、毎日のように続いていた。

瓶ビールを一晩で十五本くらい飲むことも珍しくなかったし、ゴルフも真っ黒に日焼けするまで熱心にやった。

いま考えると無茶苦茶な生活ではあったが、昔から体力には自信があったから、還暦とはいえ無理をしているという自覚はまったくなかった。血圧計が異常な数値を示しているときでさえ、血圧計の方が壊れていると本気で思っていたほどだった。

二十周年の翌年の平成十五年（二〇〇三）も、新年から多忙だった。

一月十九日には、奄美パークのイベント広場で森田照史との無料島唄ライブがあった。いつものように曲目や曲順はあらかじめ決めずに、森田の三味線に従って自由に歌い、会場からのリクエストにも応えながら、一時間半のステージをこなした。

一月二十五日には、中央公民会と市教育委員会が主催する「奄美の豊かさ―島唄の神髄に迫る」という文化講演会に、坪山や築地や当原とともに参加した。復帰五十周年の一環だったが、四人で島唄との出会いや島唄に惹かれた理由、これまでの苦労話などを語り、あとは各々が好きな曲を披露した。

二月三日、日課のように通っていたプールで泳いでいると、左半身に異常を覚えた。痺れて動かないのである。おかしいと思ってすぐに病院に行くと、脳出血という診断だった。そのまま集中治療室に入り、長い入院生活がはじまった。

なにしろ「人生の旬」からの突然の入院である。まるで天国から地獄に突き落とされたようで、混乱して頭の整理がつかなかった。入院した日の夜は、思うように動かない左半身が悔しくてたまらず、リハビリのつもりで病院の階段を何度も上ったり下りたりした。翌日医者から、

「安静にしていなさい！」

と怒られた。

「かずみ」のことが心配だったが、幸い店は倒れた日の一日しか休まなかった。料理の方は、一年前から店を手伝ってくれていた娘の恵子にまかせ、歌の方は、

「『かずみ』はつぶしたらいかん」

を合言葉に、歌仲間が代わる代わるにやって来て店を支えてくれた。このときの様子は鹿児島の南日本新聞が、

「島唄酒場のピンチ救え」

「『看板』店主が突然入院」

「唄者仲間ら〝友情出演〟」

という見出しで、店主のいない店を支える築地や昇喜代子・和美親子、満本實らの写真入りで伝えた。

「一時は店がどうなるかと思ったが、みんなの応援はとてもありがたい。リハビリに励んで全快するのが恩返し」

という和美の談話も紹介された。記事を見て、鹿児島から和美の容態を心配する電話が何本も来

退院直後（平成15年）

た。

好き勝手にやってきたからもう思い残すことはないという気持ちも一方ではあったが、もう一度舞台に立ちたいという思いも強かった。なにしろ、まだ六十一歳である。その気持ちは日が経つにつれてどんどん強くなり、リハビリにも力が入った。しかし、一度不自由になった左半身は、なかなか思い通りには動かなかった。

歌いたいという気持ちは強かったが、最初のうちは口元がうまく動かせず、これで本当に歌えるようになるのかと心配だった。幸い声だけは以前と同じように出たので、退院が決まったあと、お世話になった職員や患者たちへのお礼に病院でミニコンサートを開いた。入院中に毎日店を手伝ってくれた昇親子が共演し、竹島信一もわざわざ福岡から駆けつけてくれた。

退院はしたものの、三カ月の入院はさすがに長く、すっかり痩せてしまった。思うようにならない左足を引きずりながら、落ち込んだ気持ちで名瀬の商店街を歩いていると、突然、

「アッゲー、西和美さんじゃない」

と、声をかけられた。驚いて振り向くと、見知らぬおばあさんが心配そうな顔をして立っている。

「きもちゃげさ～（かわいそうに）。なんで、あんたの歌を楽しみにしてたのよ～。そんなんなって、あんただけの体じゃないいんだからね。早く元気になって歌を聞かせてね」

と励まされた。

「自分だけの体ではない。楽しみにしてくれている人がいる。もっと健康に気をつけて元気にならなければ」

と肝に銘じた。

倒れた一年後に、中央公民館で「元気です。遊びんしょろう」という復活ライブを開催した。客席は満席になった。

里兄妹

「かずみ」の開店二十周年記念のライブに登場した里兄妹に和美がはじめて会ったのは、加計呂麻島の徳洲会病院で行われたイベントのときだった。二人が島唄をはじめてまだ間もない頃である。それ以来、和美は孫のような年頃の兄妹に何かにつけて声をかけるようになった。

兄妹のうち最初に島唄に興味を持ったのは兄の朋樹だった。

小学一年の古仁屋の夏祭りのときのことである。小遣いを持たせて祭りに行かせた朋樹が、帰ってくると、

「アア～ウウ～～」

と盛んに唸っている。

母親の美加が、何だろうと思って話を聞くと、どうやら祭りの舞台で歌われていた島唄をずっと

聞いていたらしい。

「習いたい」

と言うので、関西出身の美加は、

「島唄はやめとき」

と答えた。島唄よりは、英語やピアノに時間を使う方が将来役に立ちそうだと思ったのである。

しかし、朋樹はなかなかあきらめなかった。あまりしつこいので、知り合いが紹介してくれた中野豊成の島唄教室「朝花会」に話を聞きに行った。中野律紀や元ちとせが通った古仁屋では有名な教室だった。息子が習いたがっていると伝えると、

左から里朋樹、歩寿、富田義廣、中野豊成（平成10年）

「小学生ならば四年からで、一年生では早すぎる。少なくとも漢字を読めるようになってから来てほしい」
と言われた。
帰ってから朋樹に事情を話したが、なかなか聞き入れてもらえない。仕方がないので、もう一度頼みに行ったが、一年生は小さすぎるとまた断られた。朋樹はそれでも納得しないので、三回目は一緒に教室に連れて行き、とりあえず見学を認めてもらった。
朋樹はその前に図書館で武下和平のＣＤを借りていた。見学のときに覚えたての「朝花節」を少

し歌ったら、褒めてもらい、そのままあっさりと入門が認められた。教室では、子供の部ばかりでなく、夜の大人の部にまで参加して嬉しそうだった。

教室の付き添いに妹の歩寿も一緒に連れて行くようになり、歩寿も自然に島唄を歌うようになった。小さい子供が兄妹で歌うのが珍しかったのか、二人はすぐに話題になり、あちこちに呼ばれるようになった。

加計呂麻島の徳洲会病院で行われたイベントでは、和美は貴島康男と一緒に来ていた。それ以来、貴島は朋樹の憧れの唄者になった。小学五、六年生の頃、貴島の唄に囃子をつけたことがあるが、忘れられない思い出だ。

尼崎市民まつりで歌う里兄妹（平成 15 年）

奄美民謡大賞では平成十四年（二〇〇二）と十五年（二〇〇三）に少年の部の最優秀賞を受賞し、平成十五年（二〇〇三）には、セントラル楽器で『大樹のうた』と題したCDも制作した。レコーディングは平成十四年（二〇〇二）の暮れで、発売時には「奄美群島日本復帰五十周年記念盤」と銘打たれていた。セントラル楽器が変声期前の少年の声を録音したのは、貴島以来だった。

平成十四年から十五年にかけては、復帰五十周年に元ちとせブームの影響も重なり、島唄関係のイベントが多く、和美と何度も顔を会わせるうちにますます親しくなっていった。

中一の暮れからは変声期になり、歌をやめた。悩んでいたと

きに坪山豊に相談したら、

「変声期のときはやめた方がいい。康男も休んでいた」

と言われたので、きっぱりとやめることにした。

大島高校時代はサッカーに明け暮れた。高校三年のある日、「かずみ」で久しぶりに三味線に触れたら、思いのほか指が動いた。

そんなとき、朋樹の大学受験の履歴書にサッカー以外に書くべきことがないのを心配した美加が、勝手に奄美民謡大賞への参加を申し込んでしまった。練習場所を求めて「かずみ」に通うようになり、築地俊造や竹島信一と一緒に三味線を弾いているうちに、久々に島唄を歌う楽しさが甦ってきた。

民謡大賞が終わると、受験のために塾通いがはじまった。

「塾がある日は、店でご飯を食べて行きな」

と和美に誘われるがまま、開店前の「かずみ」に行くようになった。

食事が終わると、

「三曲弾いて帰りな」

と言われる。歌がご飯代代わりなのである。

歌い終わると、たちまち店を出て行く朋樹の姿を見て、

「朋樹はいつも台風のようにいなくなる」

と、和美は笑った。

平成の関西の島唄界

高校を卒業して関西の大学に進学した朋樹は、和美が暮らした尼崎で杭瀬をホームタウンにした。杭瀬は昔から奄美出身者が多く、街には黒糖や黒糖焼酎など奄美の名産品を揃えた「鹿児島物産」という店もあった。街の風景もどこか島を思い出させるものがあった。

大学時代は高校時代とは打って変わって、島唄中心の生活を送った。声がかかれば出かけていき、ライブを行った。関西の島唄関係者との付き合いがはじまり、そのなかには和美の関西時代の歌仲間が何人もいた。

杭瀬の「鹿児島物産」（令和４年）

杭瀬では、勝島徳郎の娘の伊都子が、駅前の五色横丁に「来るだんど」という店を出していた。

伊都子は昭和二十五年（一九五〇）、徳郎と同じ瀬戸内町古志の生まれ。六歳のときに父親について島唄をはじめた。昭和三十六年（一九六一）に神戸にいた徳郎を追って関西に移住し、二十三歳のときにセントラル楽器が録音した『勝島徳郎傑作集』では父の囃子をつとめたが、それから結婚して、しばらく子育てに追われた。

二十六歳のとき、伊丹で「まえだ」というスナックを開業し

『奄美の民謡　勝島徳郎・伊都子名演集』（昭和55年）のジャケット／クラウン・レコード

た。店が神戸製鋼の前にあったので、ダジャレで付けた店名だった。ちょうど島唄に嫌気が差していたときで、歌謡曲を歌うカラオケスナックとして開店したが、集まって来るのは島唄関係者ばかりだった。

二十代後半からは父の徳郎と舞台で共演することも多くなり、昭和五十五年（一九八〇）四月には父とＮＨＫテレビ「民謡をあなたに」に出演して「まんこい節」を歌い、同年八月にはクラウンレコードから「奄美の民謡　勝島徳郎・伊都子名演集」というアルバムを出した。

昭和五十八年（一九八三）、尼崎で「奄美」という居酒屋を開店した。歌遊びができる店として知られ、武下和平や上村藤枝ら関西在住の唄者がよく訪れた。奄美の唄者たちも関西に来たときには必ず顔を出し、和美もそこで伊都子と親しくなった。関西にいた頃は、お互い噂で名前を聞く程度で、ほとんど付き合いはなかったのである。

「奄美」が一九九〇年代末、バブル崩壊のあおりを受けて閉店したのち、二〇〇四年二月に開店したのが杭瀬の「来るだんど」だった。父親が死んだあと、もう島唄はやめようと思っていたところに、若森秀樹などの若手の三味線奏者が育っているのを知り、もう一度やってみようと思ったのである。店には和美の紹介で、築地俊造がよく訪れた。

杭瀬には、武下和平の囃子を担当した早田信子の教室もあった。早田は和美とも旧知の間柄だっ

アルカイックホールで、里朋樹と（平成 28 年）

た。伊都子は「まえだ」を経営していた時代、父の徳郎の囃子だけではなく、武下の囃子もつとめていた。武下は店の常連だったので、早田もそこで武下と出会い、相方をつとめるようになったのである。

杭瀬から隣駅の大物にかけては島唄関係者が多く住み、周辺の施設を借りて定期的に開かれる島唄教室も少なくなかった。街を歩いていても、奄美なまりの関西弁がよく耳に入ってくる。島のイントネーションに関西弁の語尾が付く奄美出身者独特の話し方である。関西に住む年輩の奄美出身者は郷土意識が強く、和美がいた時代の熱気が偲ばれた。

平成二十八年（二〇一六）六月十日、和美と伊都子はアルカイックホールでジョイントコンサートを行った。和美は朋樹の三味線、伊都子は若森秀樹の三味線で歌った。このコンサートは大好評で、関西の島唄関係者のあいだではいまも語り草となっている。

帰って来た竹島信一

朋樹が関西に去ったあと、奄美では同じ大島高校に通うようになった妹の歩寿が、入れ替わりに「かずみ」に出入りするようになった。

中学生のときから一カ月に一度程度は、古仁屋から母親の美加と一緒に「かずみ」に遊びに来ていたが、高校生になると毎日のように通うようになった。

学校が終わると、開店前の「かずみ」に行き、カウンターに座って、厨房で料理の準備をする和美と話し、ときには一緒に歌った。

和美からは唄も教えてもらった。よく覚えているのは「よんかな節」、「まんこい節」、「城流れ」である。唄を教えるとき、和美は一緒に歌うだけで、細かいことは一切言わない。具体的なアドバイスで覚えているのは、民謡大賞で歌う高さを八か九のどちらにしようかと悩んでいたときに、

「高い方がいい」

と言われたことくらいである。

歩寿が「かずみ」に行くときには、築地もよく姿を現した。築地は開店前の夕方に来て、カウンターに座って和美と話し、客がやって来ると店を出て、夜更けに客がいなくなった頃を見はからって戻って来た。

この時期、「かずみ」によく歌いに来ていたのは竹島信一だった。

竹島は高校卒業後、仕事で新潟にいたが、その後福岡に移り、それから喜界島に行き、ようやく名瀬に戻ってきたのである。一時期は和美と家が隣同士で、隣から竹島の歌声が聞こえると、和美が囃子をつけることもあった。

歩寿は竹島によく歌詞について尋ねた。子供の頃から歌っていた竹島は、人が知らないような歌詞をたくさん知っていた。瀬戸内町の成人式で島唄を頼まれたときも、竹島にどんな歌詞で歌えば

いいか尋ねた。結局、「長雲節」で両親に感謝する歌詞を歌ったが、

「その歌詞で歌うなら「長雲節」だよ」

という竹島のアドバイスに従ってのことだった。

竹島には唄以外でもいろいろと助けてもらった。

歩寿は平成二十二年（二〇一〇）に十六歳の歴代最年少で奄美民謡大賞を受賞したが、喜ぶというよりは、もっと上手な人がたくさんいるのに、自分なんかが貰っていいのかと委縮して、外に出るのも怖かった時期があった。そんなとき、竹島が、

「かずみ」のカウンターで。左から築地、里歩寿、里美加（平成23年）

竹島信一（平成14年）

「何も考えずに、堂々としていればいい」

と励ましてくれて、ずいぶん救われた。

「かずみ」に通いはじめて唯一困ったのは、太ったことだった。和美が、

「おかずが余ったから持って帰って食べな」

と、いつも袋に入れてくれるからである。受験勉強

で二カ月くらい「かずみ」に行けなかったときも、和美は弁当をつくって塾まで届けてくれた。

森チエとの歌遊び

長く店を続けていると、時代の変化を感じることがある。「かずみ」で変化を感じたのは、平成に入って十年ほど経った頃だ。

それまで地元の常連ばかりだった店に観光客が入りはじめたのである。それ以前は、観光客はほとんどいなかった。

直接のきっかけは、元ちとせの「ワダツミの木」のヒットだったかもしれない。メディアが奄美大島に注目するようになり、なかでも島唄と島料理の両方がある「かずみ」は、雑誌で奄美が特集されると必ず取り上げられる定番の店になった。

すると、あるときを境に、今度は観光客が主流になり、逆に地元の人が少なくなった。いまはもう、昔のように酔っ払いが突然入って来るような店ではない。

市の職員からは、

「奄美観光の目玉なので、やめないでくださいね」

とお願いされる。「かずみ」の役割も変わったのである。

いま島唄を歌っている若い人は、大半が教室で島唄を覚えた人である。なかには教室にすら行かず、直接CDで覚える人もいる。集落の歌遊びの中で唄を覚えるのはいまや昔話だが、歌遊びは島唄の原点である。和美はそんな若い人たちのために、月に一、二度、定期的に歌遊びの場を設けるようにしている。

歌遊びのときに決まって声をかけてきたのが、森チエである。

森は瀬戸内町網野子の出身。父親が島唄好きで、家ではよそジマの唄者が家にやって来てよく歌遊びをしていたが、森自身は人前で歌ったことはなく、昭和三十三年（一九五八）にはじめて宴席で歌ったところ評判を呼び、注目されるようになったのである。

森チエ、武下和平と／昭和 50 年 5 月 4 日、南海日日新聞

昭和三十五年（一九六〇）に大正寺で開かれた民謡大会が初舞台だったが、このときは武下和平の相方もつとめ、昭和三十七年（一九六二）にセントラル楽器で製作された武下のレコード録音にも参加し、武下の囃子として全島にその名を知られるようになった。

奄美では歌詞をよく知っている人のことをネンゴシャと呼ぶが、森チエは島の代表的なネンゴシャだった。

叔母が八月踊りの打ち出しをしていて、「山の流れ」、「海の流れ」、「縁の流れ」、「タバコ流れ」と多くの唄を知っていた。森はそれを一つ一つ教わって、工場で紬を織りながらよく歌った。

五十歳のときに一つ年上の唄者、児玉信義と結婚し、昭和四十九年（一九七四）にはニューグランドから夫婦で共演し

児玉信義、森チエ『東西名人集』（昭和49年）のジャケット／ニューグランドレコード

たレコードを出すなどして、おしどり唄者として知られた。児玉は小宿の出身で、若い頃から上村藤枝とコンビを組み、島唄ファンにはお馴染みの存在だった。

森チエが島唄名人として脚光を浴びるようになったのは、とくに晩年だった。里国隆が注目されるようになるにつれて、玄人筋が好む島唄名人として森にも脚光が当たりはじめたのである。

奄美まつりの島唄大会などでは、森が出てきただけで、会場が大拍手になった。歌い方はマイペースそのもので、三味線の前奏が終わってもなかなか唄がはじまらず、三味線が同じフレーズを繰り返す中、会場全体がじっと森が歌い出すのを見守るということもよくあった。

名瀬でスナックを営んでいて、武下和平の教室である「武下流」の門下生たちなどがよく飲みにきていたが、店は島唄の店ではなく、カラオケを歌うふつうのスナックだった。自宅もその近所にあって、歌遊びに誘われると、いつもきれいに化粧をしてニコニコしながらやって来た。

八十歳を過ぎても独特の色気のある人で、歌遊びのときも本当に楽しそうに歌った。歌うときは、必ずその場にいる皆に声を掛けて唄を回していく。年配の唄者でそういう気遣いをする人は珍しかった。

唄に関しても独自のこだわりがあった。たとえば、「らんかん橋節」を歌うときには、一般に歌

われる、

大水《うくみじ》ぬいじて　洪水になって
らんかん橋あれながらち　らんかん橋が流れてしまった

という歌詞の前に、必ず「さいたなだ」という歌詞を歌った。「さい」とは釣り餌のことだが、その歌詞を先に歌わないと「らんかん橋」の歌詞には進まなかった。

森は島唄の裏声についても独特の考えを持ち、

「裏声というのはそもそも誰にも聞かれたくないときに使う。だから、島唄というのは本来一対一の唄で、相手に聞こえればいい」

と言っていた。

「いまの大島の唄は歌詞がはっきりしすぎている。島唄を歌うのに大声を出す必要はない。愛のささやきだって、裏声で相手にだけ伝わればいいのと同じ」

歌遊びのときは、いくらお金はいらないと言っても、必ず千円札を一枚置いていった。自分も商売をしているから、ゲンをつけるのである。

現在島を代表する若手唄者である前山真吾も、「かずみ」の歌遊びで唄を磨いた一人だ。前山が島唄をはじめたのは遅く、高校を卒業してからだったが、石原久子の教室に通ううち、石原から見込まれ、あるとき、

「自分の唄を全部託す」

と言われた。

それから毎週一回師匠の家に通って、一曲ずつ島唄を習得した。家でも、長いときは一日五、六時間練習した。

和美の唄は、脳出血で倒れたあとの復活ライブ「元気です。遊びんしょろう」ではじめて聞いた。まだ島唄をはじめて二、三年だったので、勉強のためと思って聞きに行ったが、思いがけず打ち上げで店に誘われ、はじめて和美と話した。

前山のことはすでに知っていて、

「あんたの師匠は石原先生よね。昔よく一緒に歌ったよ」

と言われた。

石原久子と前山真吾（平成20年）

最初に「かずみ」で森チエと歌遊びをしたのは、平成十七年（二〇〇五）頃である。忘れられない経験だった。
驚いたのは、森の唄が止まらないことだ。こちらが予想もつかない、いろいろな歌詞を返してくる。築地も懸命に森に挑むが、かなわない。
「誰もかなう人がいない。みんな歌詞を返されて、遊ばれる。この歌詞を歌ったら、この歌詞が出てくるのか、という感じ」
その頃、森チエはすでに八十代後半だった。前山は歌詞を次々と返す森を間近に見ながら、「唄を掛け合う」ということがどういうことなのかをはじめて知った。島唄の伝統は奥深いと痛感した。

築地は歌遊びの場で真剣に先輩唄者から吸収しようとする前山の熱心さと、掛け合いにおける度胸のよさを買い、島の歌遊びの次代を担う若者として期待していた。

平成二十一年（二〇〇九）、前山は築地と和美に誘われ、NHKの「それいけ！民謡うた祭り」という音楽番組に出演して掛け合いを披露した。三人がそれぞれで歌詞をつくり、ステージで面白おかしく掛け合いをするという試みも行った。前山は、

「歌遊びは「かずみ」で覚えた」

「かずみ」に集う若手唄者（平成28年）

と言ってはばからない。

平成二十三年（二〇一一）の奄美まつりの初日の「シマあすびの夕べ」では、築地や松山美枝子と掛け合った。平成二十四年（二〇一二）には、竹島信一、山元俊治、松元良作と一緒に「いんがぬ会（男の会）」というグループをつくった。竹島は中学生までは坪山の弟子だったが、高校生になってから石原久子の教室に通ったので、前山にとっては兄弟子だった。このグループで、その年の奄美まつりのときに、掛け合いを盛り込んだ寸劇風の喜劇を演じた。

海辺で釣りから帰ってきた山元が、何も釣れなかったとボヤいていると、道弾き三味線が聞こえてきて、松元が現れる。女

の子が寄って来るかと思ったが、「婚活」に失敗したと言う。そこに前山がハブ取り棒とハブ箱を持って現れ、こちらも成果なしとボヤく。もはや歌遊びをするしかないと、みんなで歌っていると、遠くから竹島信一の歌声が聞こえてきて合流。全員で掛け合いながら「朝花節」、「くるだんど節」、「行きゅんにゃ加那節」と歌い継ぎ、最後は「六調」で舞台狭しと踊り回った。

「奄美まつり」の竹島（平成24年）

この寸劇の試みは好評で、その後も二回上演され、最後の回では築地も参加した。

第十三章　島唄人生模様

女性と三味線

和美が大島に来てから現在まで、島唄の世界で何が一番変わったかと言えば、女性が三味線を弾くのが当たり前になったことだろう。

和美も最初は三味線に関心があったが、坪山から、

「女が三味線なんて！」

と言下に否定されてからは、話題にするのをやめた。

「歌うだけで上等だ。歌うだけならば家事仕事をしながらでもやれる」

というのが坪山の説明だったが、そもそも当時の奄美の一般的な習慣では、三味線は男性の楽器で、女性が弾くものではなかった。その証拠に、和美が島唄をはじめた頃、女性で三味線を弾く人はほとんどいなかった。

しかし、皆無だったわけではない。古いところで有名なのは、節子のトミであるが、同じトミという名前で、和美よりひと回り上の世代の豊田トミも三味線を弾いた。最初は親から「女が弾くものではない」と強く反対されたが、兄がこっそり教えてくれたのだという。和美より二歳年下の上村リカも三味線を弾いたが、同世代でいま三味線を弾くのは石原久子くらいだろう。石原の周囲では、三味線を弾くのを咎める人はいなかったという。

奄美のみならず全国的に見ても、三味線はある時期までは花柳界の女性が弾くもので、良家の子女のものではないと思われていたのである。

この傾向に変化が現れはじめたのは、おそらく七〇年代の全国的な民謡ブームの頃だろう。三味線を弾く女性の一般化は、奄美だけではなく、日本社会全体の変化の結果だったのである。

実際、七〇年代に島唄教室が登場したとき、講師が生徒の性別によって三味線の扱いを変えることはなかった。だから、この三十年くらいに登場した女性の唄者は、ほぼ全員が三味線を弾く。

もっとも、世代の違いだけでは割り切れない面もある。中野律紀や里アンナはいまでは三味線を弾くが、最初はどちらも歌うだけで、三味線は後で習得した。二人とも年齢的には教室世代だが、中野は父と叔父、里は祖父から幼い頃から直接指導を受けた。

和美もそうだが、固定した指導者からマンツーマンで学んだ女性は、師匠の三味線に従って歌うというスタイルになる傾向があるようだ。

和美は自分で三味線を弾きながら歌う若い女性たちをうらやましいと感じる反面、もし自分が三味線を弾けたら「かずみ」という店は存在しただろうかとも思う。

たしかに、現在は三味線奏者を探すのに苦労する。しかし開店した当時は、三味線奏者が見つからなくて困ったことなどなかった。自分が歌いたいときは、お客さんの誰かが弾いてくれたし、もともとそれを見込んで開店した店でもあった。

逆に男たちの側からすれば、「かずみ」に来れば自由に三味線が弾けて、店主が歌をつけてくれるのである。客と店主がお互いにないものを補い合って、交流が成立していた。

もちろん、自分で弾かない分、思うようにいかないこともあるが、そこから生まれてくる面白さもある。一人ですべてをやらないからこそ、さまざまな物語が生まれてくる。

実際、唄者と三味線奏者をめぐる話はいろいろある。

だいぶ前だが、喜界島の結婚式に呼ばれて歌ったときのことである。

「三味線は上等なのを準備しているから、一人で来ていいよ」

と言われたので行ってみると、紹介された人はかなり高齢の老人だった。

不安を覚えたので、

「控室で音合わせだけでもしましょう」

と言ったら、

「上等さ上等」

と、返ってきた。これは奄美では「大丈夫だよ、そんなに心配しないで。ちゃんと弾くから」という意味になる。

曲目を聞くと、「長朝花節」だという。

「長朝花節」は祝い唄であるが、難曲である。繰り返しがあるので、囃子を二回入れなければいけない。繰り返しを省略すると、失敗する確率が高い。唄者の誰もが苦手とする曲である。代わりに「よいすら節」はどうかと提案したが、聞き入れてくれない。

案の定、本番で聞こえてきた三味線は伴奏と呼べるような代物ではなかった。

仕方なく、三味線の音を聞かないようじっと目をつぶって、ひたすら自分の「長朝花節」を歌った。

それからは懲りて、先方に信頼できる三味線弾きがいないときは、必ず自分が歌い慣れた三味線奏者と一緒に行くことにしている。もっとも、いろいろな経験を積んだおかげで、三味線が少々下手でもなんとかなるという自信はついた。結局のところ、歌い手の方に三味線を引っ張っていくくらいの力があれば、島唄は成立するのである。逆に、習ったばかりの曲で、まだ自分の歌い方が固まっていないときは、三味線の伴奏に迷いがあると歌えない。

もう一つ、三味線でむずかしいのが、謝礼である。これは三味線を弾かない女性にとっては、避けて通ることができない重要な問題で、唄者仲間のあいだでもよく話題になる。

和美は謝礼に関しては簡単に考えている。三味線担当と均等に折半するのである。

たとえば、結婚式のような場所で歌うときは、原則として謝礼は唄者にだけ渡され、三味線を弾く人には出ない。和美は謝礼を三味線奏者の目の前で開封して、きっちりと半々になるように分ける。五万円を貰ったら、三万と二万に分けるのではなく、きっちり二万五千円ずつ分ける。

島唄は三味線との共同作業と考えているからだが、もし謝礼に差をつけて三味線弾きとトラブルになりでもしたら、困るのは自分である。恨まれて、次にやるときに本番で三味線のキーを高くされたりしたら、唄者はもうどうしようもない。唄者の立場は弱いのである。

唄者仲間の中には、三味線奏者には一切ギャラは支払わないとか、払っても一万円が上限など決めている人もいたが、結局後でトラブルになった。一度トラブルになると、次の人を見つけるのはむずかしい。いい三味線奏者は多くないからだ。

和美の場合は、坪山や築地がいてくれたので恵まれていたのかもしれない。それでも、三味線の伴奏で一緒に付き合ってもらうときには、最大限の敬意を表した。いくら旧知の仲でも、この種のことで甘えることは許されない。ギャラに加えて、一部を「奥さんへのおこづかい」として受け取ってもらうこともあった。

島唄の世界もどんどん変わっている。「かずみ」をはじめた頃は、三味線を弾く男性はたくさんいたが、その頃と比べるといまの状況は様変わりしている。三味線を弾くのは女性の方が圧倒的に多くなり、男性の唄者自体が珍しくなった。

いまでは「かずみ」に遊びで三味線を弾きに来る人はもうほとんどいない。時の流れで、島唄がこんなにも変わっていくのかという思いはある。

昔は三味線が好きで、家業のために島にずっといるという男性が何人もいたが、最近は上手な人がいても、すぐに仕事で島外に行ってしまう。いまは三味線が上手い人はたいてい唄者としても活動していて、三味線専門の人は珍しい。だからといって、和美の場合はキーが低いので、女性の三味線奏者を雇うわけにもいかない。

とくに観光客が入ってくるようになってからは、きちんと時間を決めて、それに合わせて三味線をお願いするようになった。その場合は、一時間三千円と決めている。これはずいぶん前からの島の相場で、いまも変わっていない。島唄の時間はどんなに超過しても一時間半程度なので、悪い金額ではない。

たとえ自分で三味線を弾けたとしても、今度は料理を誰かに頼まなければならない。料理か三味線か、どちらの担当を雇うかという話になる。

最近の若い唄者の中には、三味線を自分で弾くだけではなく、合いの手まで全部一人でやってしまう人もいる。三味線も囃子も一人でやってしまったら、それはもう島唄ではない。島唄の原点である歌遊びを知ってもらうためにも、「かずみ」は続けなければいけないと思う。

逝く人

二十一世紀を迎えた頃の島唄界は前途洋々に見えた。有望な若手が次々と現れ、大御所たちも円熟した活躍を見せた。しかし、その一方で去っていく人もいた。

島唄のステージにさまざまな改革をもたらした児玉永伯が亡くなったのは、平成二十一年(二〇〇九)四月だった。まだ五十代の若さだった。開店以来ずっと「かずみ」の常連だったが、あるときから店に来ても食べ物はほとんど口にせず、アルコールばかりを飲むようになっていた。

児玉のアイデアから生まれた「奄美十五夜唄あしび」は、その年に第十四回を数えたが、「永伯アニを送る唄あしび」と題された。公演では築地、和美、森山ユリ子、前山真吾が出演し、途中から会場にいた九十歳の森チエも飛び入りした。八月踊りや「六調」のときには、前山の地元である浦上青年団も参加した。

公演は「朝花節」だけで三十分に及んだが、ステージでこうした自由な掛け合いができるようになったのは、間違いなく児玉の功績だった。芸謡化したと言われた島唄のステージに、児玉はシマの伝統にのっとった一つの方向性をあたえたのである。

同じ頃、島唄の表舞台から遠ざかっていったのが、貴島康男だった。平成に入ってから、ずっと若手唄者の中心にいた貴島であったが、いつの間にか島で姿を見かけることがなくなった。

錦江高原ホテルのビアガーデンのライブ（平成26年）

島では見なくなったが、年に一度、鹿児島市の錦江高原ホテルのビアガーデンの島唄ライブにだけは必ず登場していたので、楽しみにしていたファンも多かった。毎年囃子にかり出された永志保が、

「このライブで、康男兄ちゃんから観客の盛り上げ方を学んだ」

と言うほど、そこでの康男は乗っていた。

しかし、このライブもいつしか行われなくなった。市街地を見下ろす山の上にあって、バブル期には多くのゴルフ客で賑わい、夜景の美しさが評判だった錦江高原ホテルは、平成二十七年（二〇一五）に閉館した。

貴島の近況を尋ねられると、師匠の坪山は、

「ハテ、そういえば康男はいまどうしているのかな」

と、皆目見当もつかないというような表情をして答えるのがつねだった。

中学生のときからその美声で将来を嘱望された貴島は、結局今日に至るまで島唄の世界には戻っていない。

貴島と同様に、子供のときから島唄の世界で活躍していた竹島信一は、奄美に戻ってから毎晩のように「かずみ」で三味線を弾いていたが、あるときから児玉永伯と同様、ほとんど食べ物を口にせず、酒ばかりを飲むようになった。

和美はそんな竹島を気にかけて、

「ちゃんと食べなさいよ」

と目の前に食べ物を並べたが、せいぜい刺身に箸をつける程度だった。

「かずみ」の手伝いによく来ていた里美加は、竹島の手がアルコールに伸びないように、ことあるごとに島唄に関する質問をして気を散らした。それほど気にかけなければいけないような酒量だったのである。

平成二十六（二〇一四）年五月、竹島は「俊良主節」を歌って、奄美民謡大賞で大賞を受賞する。そのキャリアからすれば遅すぎる受賞だったが、これをきっかけに島の若手唄者を引っぱるリーダーとしてさらなる成長が期待された。

しかし、同年十月末、竹島は心不全で急逝する。まだ四十歳の若さだった。チビッコ唄者として

子供の頃から有名な存在だっただけに、島唄ファンの喪失感は大きかった。

十一月八日には、東京の紀尾井ホールで、師匠の石原久子や前山真吾とともにコンサートに出演するはずだった。コンサートの当日、前山は休憩時間に「ありがっさまりょうた」と書かれた、着物姿の竹島が楽しげに踊る大きな写真を持ってロビーを回った。「シマあすびの夕べ」の最後で「六調」を踊ったときの写真だった。

その三年後には、森田照史が世を去った。新宿歌舞伎町でスナック「朝花」を経営していた森田は、東京在住の島唄愛好家に請われて、歌舞伎町で平成十三年（二〇〇一）から「花ぞめ会」という三味線教室を開いていた。最初は三味線だけだったが、そのうち唄も教えるようになった。

安原ナスエ、松元良作、山下聖子などの奄美出身の唄者が店を手伝い、中孝介もときどき姿を現した。森田は「島唄を聞きながら島料理を食べる会」という会を催してさまざまな唄者を招き、「朝花」は東京の島唄文化の発信地のような役割を果たしていた。

竹島の写真を抱える前山、紀尾井ホールのロビーで（平成26年11月8日）

和美は倒れる前の奄美パークでのイベント以降も森田とはよく付き合いがあり、平成十七年（二〇〇五）に「花ぞめ会」の五周年のイベントに出演したり、平成十九年（二〇〇七）に車椅子の市議会議員としてさいたま市で活躍していた伝田ひろみのイベントの相方を頼んだりし

森田照史と（平成７年）

ていた。

平成十九年（二〇〇七）頃から、森田は教室の生徒の一人から頼まれて、自分の唄をすべてＣＤとＤＶＤに収めはじめた。そして、それが完成すると、平成二〇年（二〇〇八）に「朝花」を閉め、行方をくらませた。

友人知人のあいだでは、森田がロッテリアの店員の制服を着て新宿の街を歩いていたとか、真偽不明の目撃情報が飛び交った。しばらくして、森田がコインロッカーに入れっ放しにしていた三味線のことで、ロッカーの運営会社から生徒の一人に問い合わせがあった。

森田は都内の病院に入院していた。生徒が数人で会いに行ったが、認知症を発症しており、反応は乏しかった。何度目かの見舞いのときに、目の前で三味線を弾くと、森田の様子に明らかな変化が現れた。次の見舞いのときに三味線をプレゼントしたら、楽しそうにポロポロとつま弾いた。病室では、

「和美に迎えに来るように言って」

などと、よく和美の名前を口にした。ときには、

「和美？　あれはもう死んだ」

などと物騒なことをつぶやくこともあったという。

しばらくして、群馬県の県境に近い埼玉県の本庄早稲田にある病院に転院することになった。都心からは遠かったが、それでも何人かの生徒や知人が定期的に病院を訪れ、一緒に歌遊びをした。数年そんな状態が続いた平成二十九（二〇一七）年の暮れ、病院から森田が亡くなったという電話があった。

十二月二十三日、東京の江古田斎場で有志による「お別れ会」が開かれた。弔辞は森田と同じ笠利町出身の松元良作と、亡くなる直前まで森田を見舞った歌仲間の脇田真由美が読んだ。遺骨のうち喉仏のみが奄美に帰り、翌年一月末に偲ぶ会が持たれた。火葬場の人が驚くほど、きれいな形をした喉仏だった。

奄美の唄者中最年長だった森チエは九十歳を過ぎるまで元気で、奄美まつりの島唄大会などにも参加していたが、その後名瀬を去って娘が住む勝浦に移った。勝浦でも、ときおり本土から島唄ファンが訪ねてくると、請われるまま嬉しそうに島唄を歌うことがあったが、平成三十年（二〇一八）十二月三十日に九十八歳で亡くなった。集落の墓地には、森チエの名前が金文字で刻まれた新しい墓がある。

森チエの墓（令和元年）

名コンビ

坪山は八十歳を超えても元気で、自宅で開いていている島唄教室で毎日のように歌っていたが、あるときに大風邪を引いて何日間も寝込んだ。それまでは人一倍体が丈夫なのが自慢で、風邪など何十年も引いたことがなかったが、このときばかりは本人が、

「死ぬかと思った」

と言うほどの状態に陥った。

その頃を境にのどの調子も以前のようにはいかなくなった。歌うときに高音が出しづらくなり、公演に呼ばれても、自分で歌わずに囃子の皆吉佐代子に代わりに歌わせることが多くなった。

和美に会うたびに、いつも、

「おまえいくつや」

と同じ質問ばかりするようになり、公演のダブルブッキングも目立つようになった。たまに和美にも代役を依頼する電話がかかってきて、仕方がないので代わりに行くと、主催者から、

「あんたじゃない、坪山豊を呼んだ」

と叱られた。

坪山は徳之島の闘牛をうたった「ワイド節」の作曲者ということで、徳之島では奄美大島を上回るほどの人気があった。八十五歳になったとき、徳之島からお祝い会をすると招かれて、祝いの席で機嫌よく歌ったあと、

「疲れたから、寝るわ」

と床に入り、それっきり朝になっても目を覚まさなかった。

名瀬の病院に入院した坪山を、和美は毎週のように見舞った。ずっと寝たきりなのだが、

「つぼやまゆたか！」

と、大声で呼びかけると、ビクッと体が動いた。

しかし、四十年近く奄美島唄界をけん引してきた唄者は、二度とその歌声を聞かせることはなかった。

坪山と築地は名コンビだった。二人とも持ち味はまったく違ったが、足りないところを補い合うような関係だった。

自宅で島唄を教える坪山、中央は孫の世名くん（平成21年）

坪山は築地にとって師匠であったが、本土の民謡コンクールに一緒に出場すると、順位は決まって築地の方がよかった。昭和五十四年（一九七九）の日本民謡大賞全九州・中国民謡選手権鹿児島県大会は、築地が民謡日本一になる大会の予選会であったが、このときも二人は一緒に出場した。結果は築地が一位、坪山は三位であった。

両者の大会に対するスタンスはまったく異なっていた。坪山は本土のコンクールで歌うときも島で歌うときと同じように歌った。一方、築地は本土の審査員の嗜好をしっかりと考慮した。

民謡日本一をとったときも、築地は本土の審査員が発音の

不明瞭な歌い方を好まないということを知っていたので、たとえ審査員には意味が分からないような歌詞でも、はっきりとした発声を心がけた。

奄美島唄の特徴の一つである裏声も、本土では声量不足による逃げの声と思われる可能性があったので、裏声を力強く歌うことで逃げと思われないように配慮した。決勝では、口を大きく開けて、腹に力を入れて歌うのを忘れないように、本人いわくなかばヤケくそで三味線のキーを上げた。

日本人の大半は、民謡といえば東北民謡を想像する。声を張り上げ、こぶしを効かせて歌ってこそ日本民謡だ、という思い込みがある。築地の唄は、東北民謡を聞きなれた耳にもアピールするように考えられた島唄だった。奄美の人間には力みすぎで不自然に聞こえるところもあったが、東北民謡を聞きなれた本土の審査員にとっては自然に聞こえた。築地の島唄はいわば全国で受け入れられるような島唄で、島でナツカシイとされるような唄ではなかった。

そのことを誰よりも自覚していたのは築地自身だった。築地は好んで、

「日本では一番だが、奄美では七番目」

とか、

「日本一にはなっても、島一番にはなりきらん」

という歌詞を、冗談めかして歌った。

島唄は坪山のように力まずに楽に歌うのがいいということは、築地自身が一番よく知っていた。ただ、その歌い方では全国では勝てない。

島では坪山に弟子入りしたがる人はたくさんいたが、築地に弟子入りしようという人はほとんど

いなかった。けれども、築地は勝ち方がわかっている人だったので、賞がとれずに悩んでいる唄者で、築地のところに相談に来る人は少なくなかった。

坪山は天才肌で、人の歌い方でもすぐに覚えてしまう人だったが、築地は不器用で、人一倍練習しないと上達できない人だった。よく坪山と自分を比較しながら、

「生まれながらにマゲを持っている人もいるが、私は良い表現をすれば努力でマゲを体得した」

と語っていた。

唄以外の点でも、二人は対照的だった。

坪山は苦労人で、仕事熱心だったから、船大工として大成した。築地はお金持ちの兄弟から援助を受けるお坊っちゃんで、自ら「器用貧乏」と言うように、島唄以外は何をやっても長続きしなかった。

和美は坪山とも築地とも一緒に旅をしたが、坪山と一緒のときはタバコから足袋まですべて準備していった。築地は自分でやるからと固辞した。坪山は偏食で各地の名物に関心を示す人ではなかったが、築地は好奇心旺盛で、せっかく来たのだからいろいろなものを食べようと歩き回るタイプだった。

唄を教えるときも、坪山は気が長く、何度でも繰り返して教えることを厭わなかったが、築地は優しそうな外見とは裏腹に、気が短く、相手ができないとすぐに怒りだした。一度和美と一緒に「よいすら節」を歌っていたとき、和美が何度繰り返しても、どうしてもうまく歌えないところが一カ所だけあった。築地はそのうち、

「なぜそんなことができないんだ！」

と大声を上げだした。和美は悔しさから築地に背を向けて、泣きながら歌っていたが、何度やってもできないのを見ると、築地は三味線を投げつけて教えるのをやめてしまった。

坪山は争いごとを好まず、事なかれ主義のところがあったが、築地は必要なときには、嫌われることを恐れず、言いにくいことはしっかりと言った。

服装においても、坪山は身なりに無頓着で、いつも同じ着物ばかりを着ていたが、築地は伊達でおしゃれで、自らスーツを仕立てるような人だった。しかし、坪山は無頓着な分、まわりが気にかけてくれて、スーツなどもファンがプレゼントしてくれた。

築地はそれを見て、

「どうしたらあんなふうにしてもらえるのかなあ」

と羨んだ。

この対照的な二人が、昭和、平成の奄美の島唄界を盛り上げた。その一方がとうとう歌えなくなってしまったのである。

築地を送る

和美はよくいろいろな人から、

「なぜ築地さんと一緒にならなかったの？」

と聞かれる。和美は最初の夫とは「かずみ」をはじめた頃に別れていたし、築地もガンで妻を亡くしてからは、毎晩のように「かずみ」に通っていた。島唄を歌うために一緒に旅行をすることも多かったので、そう思われても仕方がない面はあったかもしれない。

とくに築地には昭和五十八年（一九八三）頃からずっと三味線を弾いてもらっていた。島唄では、相方が固定してくると必ず男女の関係を疑われる。唄者の中にはそれが嫌でコンビを解消した人も多くいた。

けれども、和美は築地に対して仲間意識はあっても、恋愛の対象として見たことはなかった。築地の方も、若い女性が好みだったので、和美をそういう目で見てはいないということは知っていた。とはいえ、島唄には男女関係の歌詞も多く、一緒に歌ううちに、恋唄の掛け合いになることも少なくなかった。

築地は一九九四年に名瀬の紬会館の地下に「おぼこり」というライブ・ステーションをオープンさせた。九十九平米、百人収容可能な店で、好きなときに島唄や八月踊りができ、近所に迷惑がかからないライブハウスということだったが、さすがに広すぎて、四、五年で経営に行き詰まって店を閉めた。

けれども、開店当時は日本民謡協会奄美支部の旗揚げなどもあり、唄者仲間がよく利用していた。そんな会合で唄者ばかりが集まっていたあるとき、歌掛けをしようということになり、三十分くらい築地と掛け合ったことがある。

自然に口説き文句の応酬のようになったが、築地夫人が店を手伝っていて、料理を運んでライブハウスの中を歩き回っていた。夫人が歌詞をわからなかったからよかったが、遊びであるとはいえ、さすがに居心地が悪かった。

築地と和美の仲が噂になっていた頃、あるとき築地から、

「俺はもともと北節だ。お前はもともと南節だが、俺と一緒に歌うようになって、だんだんと北になびいてきている。ちゃんとした南の相方を見つけて、南の節に戻したらいい。俺は独りでやるから」

と言われた。それ以来、築地は固定した相方を持たなかった。

和美の方は、それをきっかけに福澤都美磨に三味線を頼んだ。福沢は夫婦で活動していたので、男女関係に関する噂が出る心配はなかったのである。

築地は七十歳を過ぎて、大腸ガンが見つかった。検査を受ける当日、「かずみ」に寄り、病院から戻るとカウンターに座って、

「俺、ガンだったよ」

とつぶやいた。便によく血が混じっていたが、痔だと思って長いあいだ放っておいたせいでかなり進行していた。手術をして人工肛門をつけたが、しばらくして肺にもガンが転移しているのが見つかり、大阪の病院で再び手術を受けた。

肺の手術だったので、また歌えるかと心配されたが、退院後のコンサートでは、聞きに来た主治医が、

「完全に回復した」

と太鼓判を押すほど調子がよく、本人も復活したことを喜んでいた。が、その後体のあちこちに転移が見つかった。

平成二十九年（二〇一七）三月二十六日、築地は鹿児島でエフエム鹿児島二十五周年記念のライブ「THE奄美フェス」に出演した。リハーサルのときから、いつもの美声が見る影もないガラガラ声で、周囲は心配した。本番のステージでは、住用の蟹《がん》を詠み込んだ島唄のハヤシ言葉を引きながら、

「私はこれまで「ガンよガンよ住用ぬガンよ」と歌ってきたら、ほんとうに全身ガンになってしまって」

と切り出して、満場を笑わせた。

というよりも、観客はもう笑うしかなかった。

声は出なかった。一緒に出演した中孝介が唄を支えた。かろうじて、ときおりかすれたような声がもれた。中孝介が横でそっと涙を拭った。最後の「六調」でようやく少し声が出るようになり、歌い終わって、

「ようやく声が出た！」

と叫んで、また会場を沸かせた。それが築地の最後の舞台になった。

その晩、築地から和美のもとに、

「俺、声が出んわ」

と電話があった。築地は翌月の四月二十三日に行われる「第一回奄美平和音楽祭」で和美と一緒

「奄美平和音楽祭」のステージで築地の思い出を語る（平成29年）

に歌う予定だった。それを心配しての電話だった。

「大丈夫だよ。あんたは車椅子に座ってでも、舞台に出ればいいから。あとは私たちにまかせて」

と、和美は慰めた。

築地は奄美に帰ると、平和音楽祭を最後の舞台と見定め、毎日栄養剤を飲み、体力維持のために点滴を打った。口の中は口内炎だらけだったが、栄養をつけるために大好きな鶏のスープも飲んだ。病院帰りには、いつものように「かずみ」にも立ち寄った。これならば、なんとか車椅子で舞台に上れそうだと期待した矢先、築地は昏睡状態に陥った。

夫人からの電話で和美は何度も自宅に呼ばれた。夫人はなんとか目を覚ましてほしくて、築地が好きだった上村リカの歌を流したりしたが、踊るような仕草で両手をゆらゆらさせるだけで、目を覚ますことはなかった。亡くなったのは四月十四日だった。

通夜のとき、和美は二百人分の油ゾーメンをつくって持って行った。奄美の通夜はしめやかではなく、飲んで騒ぐのが通例である。ときにはカラオケ大会がはじまることもある。築地のときは歌遊びだった。

「ナッ～～～カシャ～ヤ～～」

和美は通夜の会場に到着し、棺に向かうと、いきなり築地の十八番の「懐かしゃヤー」を歌い出した。それが合図になったかのように唄者たちが集まってきて、皆で車座になって座った。歌遊びがはじまった。

「朝花節」、「よいすら節」と歌い継いだ。

和美は葬儀のときも弔辞の代わりに「懐かしゃヤー」を歌い、その様子は鹿児島のテレビのニュースでも放映された。歌詞には「日本一、俊造」を入れた。

築地が出演するはずだった四月二十三日の奄美平和音楽祭は、築地の追悼公演になった。会場の舞台には大きな築地の写真が置かれ、「まんこい節」を歌う築地の姿がスクリーンに映しだされた。和美は満員の聴衆を前に、築地との四十年に及ぶ交流を振り返った。

ありがっさまりょ唄

令和元年（二〇一九）七月二十一日の夜、「西和美・感謝の宴～ありがっさまりょ唄」と銘打たれた「かずみ」の一足早い開店四十周年イベントが、奄美観光ホテル三階・孔雀の間で行われた。昭和五十七年（一九八二）の開店以来五年ごとにイベントを行ってきた「かずみ」だったが、四十周年のときは自分から動く必要はなかった。

代わりに企画を担当したのは、「かずみ」に通っていた若手唄者だった。松元良作を委員長とする三十人ほどの実行委員会が、ＬＩＮＥでグループをつくってアイデアを出し合い、アーマイナー

プロジェクトの麓憲吾がそれを読みながら企画を実行に移した。和美は当日まで、

「何もしなくていい」

と言われた。

当日の司会は、あまみエフエムのアナウンサーである丸田泰史が担当した。実行委員長の松元良作が、

「これまで店を続けてくれたことに対して感謝の気持ちを表したくて、若手で企画した会です」

とシマグチで挨拶したあと、美空ひばりの「川の流れのように」が会場に流れ、舞台前に降りているスクリーンに、今日にいたるまでの和美のライフヒストリーを辿るビデオが映し出された。口之島、一宮、尼崎、日本民謡大賞の舞台、スミソニアンと思い出の写真が続く。

ビデオが終わると、スクリーンが上がり、舞台のカーテンが左右に開いて、椅子に座った和美が現れた。会場が拍手に包まれ、自分にスポットライトが当てられると、和美はこらえ切れずにそっと涙を拭った。司会の丸田が、

「和美ネェ、もう泣くなんて早いですよ」

と声をかけた。

和美はそれから松元に手を引かれて、ステージの上手に置かれた金屏風の前に設えられた「高砂席」に移った。

ステージは二部に分かれ、第一部では、まず唄者の大御所、生元高男と安原ナスエが並んで登場し、祝い唄として「朝花節」を歌った。次に玉城流琉扇會の山元孝子琉舞道場師範による祝舞「かぎや

で風」、さらに日本民踊の中島豊定玲による祝舞が行われた。続いて、日本コロムビアの専属歌手で、和美の友人の〝うたうお坊さん〟南条かつみが登場して観客を大いに沸かせ、さらに和美が子供の頃から成長を見てきた里アンナ、病気のときに店を手伝ってくれた恩人の昇喜代子・和美親子、和美とともに何度も民謡大賞に出場したRIKKIが、次々と島唄やポップスを歌った。

和美は第一部の最後に登場し、

「こうやって皆さまとの縁、絆ができ、たくさんの人が押し上げてくれて、今日の会になっております。小っちゃな子供たちがみんな大きくなり、「オバア、オバア」と慕ってくれて、そのあと押しでこうなりました」

と感謝の言葉を述べてから、前山真吾を相方に「糸くり節」、「よんかな節」、「国直よね姉節」を披露した。

西和美・感謝の宴「ありがっさまりょ唄」（令和元年）

第二部では、ステージに「かずみ」の店内がそっくり再現された。そこに若手唄者が次々と出入りしながら、歌遊びが展開されていく。

幕が開くと、カツラを被って和美に扮した新元一文が厨房で鍋を動かし、前山真吾が座敷で仲間を待っている。そこに向珠理、安田葉月、山元俊治らヒギャの唄者たちが集い、ひとしきり歌ってから店を去る。入れ替わりに満本實、

ステージに再現された「かずみ」の店内（令和元年）

松崎博文・泰子夫妻、山下聖子、松元良作らカサンの面々がやって来て歌っていると、今度は中村瑞希、別府まりか、里アンナ、森永あすかが合流し、座は大いに賑わう。

その後、厨房に本物の和美が登場し、加計呂麻島の徳原大和らが座敷で歌遊びをはじめる。そこにRIKKI、里歩寿、里美加ら古仁屋の唄者たちが加わり、さらに喜界島の永志保、牧岡奈美、川畑さおりも登場して、歌遊びで盛り上がる。

その最中に「かずみ」で三味線を弾く森英也が姿を現し、森の三味線で出演者全員が「六調」を踊りはじめる。最後は、観客も一緒になっての手踊りで終了となった。

締めの挨拶で、若手に引っぱられて舞台の真ん中に立った和美は、感激で胸がいっぱいだった。島の唄者たちの歌遊びの場所として開店した「かずみ」の店内が、四十年経ったいま、そっくりそのままステージになっている。しかもその企画の中心にいるのは、当時はまだ生まれてさえいなかった若者たちなのである。こんなことは開店したときには想像もしなかった。

島唄のステージは、近年「十五夜唄あしび」風の伝統的な歌遊びの雰囲気にすることが多い。しかしベテラン唄者はともかく、シマの歌遊びの経験がない若手にとって、集落の海辺やガジュマルといった昔ながらの舞台設定はあまり自然ではない。

それが、この日の舞台は、彼らにとってもっとも自然な歌遊びの空間である「かずみ」だった。日頃の歌遊びの場がそのまま舞台になって、この晩の若者たちは水を得た魚のように自由に振舞っていた。「ありがっさまりょ唄」の舞台は、その名の通り、そうした場所を四十年間も提供し続けてくれた和美に対する感謝が溢れていた。

エピローグ

令和二年（二〇二〇）七月二十日、五年に及ぶ闘病生活の果てに、坪山豊が世を去った。新型コロナウイルス感染症の流行のさなかだったので、葬儀は近親者のみで行われた。和美は三年前の築地の葬儀のときと同じく、このときも油ゾーメンを用意して葬儀場に運んだ。師匠のためにつくる最後のご馳走だった。

奄美群島日本復帰60周年イベントで（平成25年）／撮影　越間誠

築地が去り、坪山が去った奄美の島唄界で、和美は大御所として扱われることも多くなった。けれども、和美の中にはまだ島唄に憧れて、島唄を学びに奄美に来た三十代の頃の感情が昨日のことのように生きている。

和美にとって島唄は、いまも昔も、永遠の憧れの対象なのだ。

「かずみ」をやりながら、いつやめようかとか、いつまでできるのかとか、いろいろ考えたこともあった。いまでは、そもそも歌遊びには、終わりもなければ、はじまりもないのだと思っている。島唄という過去から未来へと向かう大きな流れがあって、「かずみ」もまたその中にたまたま現れた通過点にすぎない。やるべきことは、ただその通過点としての役割をしっかりと果たすことなのである。

歌は歌われなくなれば消えてしまうが、誰かが歌い続けるかぎり残る。島唄は古い言葉の古い唄だが、それを歌い継ぐ人たちがいて、今日まで続いてきた。

それは古い唄だが、古びることはない。

歌遊びの最初に歌われる「朝花節」に込められているのは、人との出会いを喜び、人を敬い、ともに過ごすことを楽しみ、人の幸福を願う気持ちである。そこで歌われていることは、いつでも、どこでも、どのような時代でも、真実であろうし、真実でなければならないだろう。

島唄はいつの時代でも変わらない真実を歌っているからこそ、つねに新しく、だからこそ、いつまでも、いつまでも、歌い継がれていくのだと思う。

さあ、今夜もまた店にのれんをかけ、ネオンに灯りをともして、「朝花節」から歌いはじめよう。

稀々《まれまれ》汝きゃ拝《うが》でぃ　　めったにないことですよ、こうしてお会いするのは
互《たげ》に稀々じゃが　　お互い珍しいことですので、
一晩中《ゆさりゆ》や遊《あす》でぃたぼれぃ　　一晩中歌遊びをしましょうよ

汝きゃとぅや稀々どぅ
互に稀々じゃが
今夜中遊でぃしょろや

かんほこらし　むんやむんや
汝きゃ吾きゃ此処《こま》寄らてぃ
かんほこらし　むんやむんや

唄すぃれぃすぃれぃ
揃《する》たん同士んきゃ
唄や気なぐゎむぃじゃんが
唄すぃれぃすぃれぃ
揃たん同士んきゃ

時々や遊びんしょろや
遊び習ゆたむん
時々や遊びんしょろや

皆さんとは久しぶりです
お互い稀なことなので
今夜は夜通し歌遊びをしましょうよ

なんてうれしいことでしょう
皆がここに集って
なんてうれしいことでしょう

歌いましょうよ
仲間がそろったんだから
歌で楽しみましょうよ
歌いましょうよ
仲間がそろったんだから

ときには歌遊びをしましょうよ
歌遊びを覚えたんだから
ときには遊びましょうよ

果報《かふ》なこと　あらしたぼれ
汝きゃ吾きゃ先々
果報なこと　あらしたぼれ

好いことがありますように
これから私たち皆に
好いことがありますように

■参考文献（以下に記載した文献は、本書で直接引用ないしは言及した文献を中心に最小限のものに限った）

奄美シマ唄音源研究所『とびら』奄美シマ唄音源研究所会報第一号（奄美シマ唄音源研究所、令和5年）

有川清夫『奄美民謡と万葉集』（朝日堂写植、昭和51年）

有川清夫『奄美ことばの抒情性』（昭和写植、昭和56年）

指宿良彦『大人青年』（セントラル楽器、平成16年）

上原直彦『島うたの小ぶしの中で』（丹躑躅山房、平成7年）

内田るり子『奄美民謡とその周辺』（雄山閣出版、昭和58年）

小川学夫『「民謡の島」の生活誌』（PHP研究所、昭和59年）

『OKINAWA GAPPAI MAGAZINE GARVE 沖縄ジァン・ジァン全公演記録』平成6年2月号 vol.2（パナリ本舗）

文英吉『奄美民謡大観』私家版（文紀雄、昭和41年）

神谷裕司『奄美、もっと知りたい（増補版）』（南方新社、平成16年）

関西奄美会『第89回総会並びに芸能大会 関西奄美会』（関西奄美会、平成18年）

関西奄美民謡芸能保存会・記念プログラム編集委員会『創立30周年記念総会並びに発表会』（関西奄美民謡芸能保存会、平成24年）

『季刊自然と文化20 春季号 特集：環シナ海文化と九州』（日本ナショナルトラスト、昭和63年）

月刊奄美関西支局（編）『ムラとマチの輪 郷土会と私―関西の奄美人』（月刊奄美関西支局・古村好昭、平成10年）

月刊『みんよう文化』昭和57年5月号（月刊みんよう社）

酒井正子『奄美歌掛けのディアローグ―あそび・ウワサ・死』（第一書房、平成8年）

佐野眞一『沖縄 だれにも書かれたくなかった戦後史』（集英社インターナショナル、平成20年）
『サンデー奄美』縮刷版　上下（サンデー奄美新聞社、平成2年）
島添貴美子『奄美シマウタにおける伝統の再帰と創造』（BookPark　平成18年）
下野敏見『トカラ列島（南日本の民俗文化写真集3）』（南方新社、平成22年）
セントラル楽器奄美民謡企画部『奄美民謡総覧』（南方新社、平成23年）
竹内勉『日本の民謡』（日本放送出版協会、昭和48年）
竹内勉『民謡に生きる—町田佳聲八十八年の足跡』（ほるぷレコード、昭和49年）
武下和平・清眞人『唄者武下和平のシマ唄語り』（海風社、平成26年）
竹中労『琉球共和国』（三一書房、昭和47年）
竹中労『琉歌幻視行』（田原書房、昭和50年）
竹中労『決定版ルポライター事始』（筑摩書房、平成11年　初版『ルポ・ライター事始』日本ジャーナリスト専門学院、昭和56年）
谷川健一『南島文学発生論』（思潮社、平成3年）
谷川健一『谷川健一全集7　沖縄三』（冨山房インターナショナル、平成24年）
谷川健一・山下欣一（編）『南島の文学・民俗・歴史』（三一書房、平成4年）
太原俊成・鈴木みどり『奄美大島の唄心にふれて』（非売品）
築地俊造・梁川英俊『唄者築地俊造自伝　楽しき哉、島唄人生』（南方新社、平成29年）
東京奄美会八十年史編纂委員会『東京奄美会八十年史』（東京奄美会、昭和59年）
徳田昌子『命をかけて夢を追った女』（徳田昌子、平成5年）
十島村立口之島小中学校・創立八十周年記念誌『前岳』（平成23年）
中原ゆかり『奄美の「シマの歌」』（弘文堂、平成9年）

中村喬次『南島遡行』（海風社、昭和59年）
中村喬次『唄う舟大工　奄美坪山豊伝』（南日本新聞社、平成18年）
名越左源太『南島雑話1、2　幕末奄美民俗誌』（平凡社、昭和59年）
『西古見集落誌』（西古見慰霊碑建立実行委員会、平成6年）
昇曙夢『大奄美史』（南方新社、平成21年／初版、奄美社、昭和24年）
『話の特集』第117号昭和50年10月号（日本社）
花ぞめ会『森田照史芸歴五十周年ライブ　美島の唄遊び』（花ぞめ会、平成14年）
藤井令一『奄美文芸批評』（南方新社、平成22年）
石田昭進『奄美の群像』（交文社、平成12年）
南日本商業新聞社（編）『奄美の民謡と民話』（沖縄奄美連合会、昭和51年）
南日本新聞社（編）『島唄の風景』（南日本新聞開発センター、平成15年）
宮里千里『シマサバはいて』（ボーダーインク、平成5年）
山口覚『集団就職とは何であったか』（ミネルヴァ書房、平成28年）
山下欣一ほか『奄美六調をめぐって』（海風社、平成2年）

あとがき

二〇一七年六月、奄美初の民謡日本一になった築地俊造さんの自伝を聞き書きで出版した。出版の直前、本の宣伝と奄美民謡大賞を見るために奄美大島に出かけた。

空港に到着するとすぐ、民謡大賞の審査員として前日から名瀬に来ていた島唄研究家の小川学夫さんから電話があった。待ち合わせ場所に指定されたのは、「かずみ」の常連のMさんの職場だった。

その場でお二人から、

「次はぜひ和美さんの本を」

と頼まれた。Mさんは特に熱心で、

「和美さんは口之島、一宮、尼崎を経て奄美に来た人。唄だけでなく、その人生も興味深い。民謡日本一の築地さんとはまた別の視点から奄美島唄について書けるはず」

と力説した。

唄者の西和美さんが経営する「郷土料理かずみ」には、私も奄美に来るたびに訪ねていた。しかし、和美さんの人生についてはよく知らなかったので、ゆっくりと話が聞ける機会が持てるのは願ってもないことだった。

しかし、当の和美さんは、最初はこの話にあまり乗り気ではなかった。むしろ、

「私の本なんて」

と、話を聞きに来た私を気の毒がっている様子だった。そんな調子だったから、最初のインタビューはなんとなくぎこちないものだった。

数カ月後、再び開店前の「かずみ」で数日かけて話を聞いた。しばらく時間を置いたせいか、今度はずっと打ち解けた調子で、口之島での子供時代、一宮の紡績工場での青春時代、島唄をはじめた頃の尼崎での生活などを、少しずつ思い出しながら、とつとつと話してくれた。貴重な証言を聞きながら、

「なんとかなるかもしれない」

という手応えを感じた。しかし、これはまだはじまりにすぎなかった。

翌春、当時の雰囲気を求めて一宮を訪れた。和美さんが働いていた工場は、まだ残っていた。尾西地区を歩き回り、トヨタ産業技術記念館や一宮市博物館などで繊維産業の歴史を辿りながら、当時の女工たちの生活を思い描いた。

和美さんへのインタビューはその後も続いたが、困ったのは、取り組んでいる本が最終的にどのような形になるのか、見当もつかないことだった。築地さんのときは、本人がとても話術が巧みな方だったので、その独特な語り口を生かした本にすることは早い段階で決まっていた。しかし、和美さんの場合は、あるべき形がなかなか見えてこなかった。

一番の理由は、和美さんにとってもっとも重要な事柄が、毎日「かずみ」の厨房に立って、唄を歌い、料理をつくるという日常そのものだったからだろう。その日常は、和美さん一人に焦点を当

てた形では、けっして描くことはできない。

それならば、むしろ「かずみ」という店を主役にして、そこに集う人々を描いてはどうか。関西で島唄をはじめた和美さんには、群島内にとどまらぬ広い人脈があった。そこに「かずみ」を訪れた多くの島唄関係者をつないでいけば、島唄の戦後史が描けるのではないか。

食指が動くアイデアだったが、それを実現するにはさらなる資料の収集と関係者へのインタビュー、そしてなによりも時間が必要だった。その仕事に取り組む覚悟は簡単には持てなかった。

こうして、模索を重ねながら時が過ぎた。

その間、毎月のように私の研究室を訪れて昔話を聞かせてくれたのが、小川学夫さんだった。表向きは散歩のついでという感じだったが、たぶん和美さんの本の役に立てばという気遣いもあったのだろう。思い出すままにいろいろな話を聞かせてくれた。なによりも、戦後の島唄の生き証人と毎月話すことができたのは幸運だった。

「かずみ」を中心とした奄美島唄の戦後史というアイデアは、何度考えても和美さんを描くのに一番ふさわしい方法であると思えたが、本当にこの仕事に取り組む決心がついたのは最初のインタビューから三、四年が経った頃だった。

まずセントラル楽器の指宿正樹さんにお願いして、創業以来同社で作成しているスクラップブックを見せていただいた。何十冊という膨大な記録を社屋の一室で数日かけて読んだ。しばらくして、小川学夫さんから、

「家の新築のために蔵書を処分したいので、島唄関係の資料を預かってほしい」

と頼まれた。その中には、昭和四十八年から平成三年までのスクラップブックも含まれていた。島唄関係の新聞記事については、私も二十年近く前に名瀬長浜町の南海日日新聞の資料室に数日こもって調べたことがあった。しかし、足りない部分も多かった。二種類の詳細なスクラップブックのおかげで、不足していた情報を補うことができた。

執筆の準備が整いつつあった矢先、和美さんの夫である藤本さんが意識不明の状態に陥った。和美さんは二十年ほど前に藤本さんと知り合い、再婚していた。以来、藤本さんは和美さんをさまざまな面で支えてきた。

すっかり気落ちした和美さんは、

「なんだか疲れてきてね」

と珍しく弱音を吐くようになった。それにコロナ禍が追い打ちをかけた。本の話をしても、

「その話はもういいですよ。苦労するだけですよ」

と消極的な発言をするようになった。そんな中で和美さんは八十歳を迎えた。

元気のない様子に、さすがにこれ以上時間をかけてはいられないと思い、昨年八月から本書の執筆に取りかかった。

最初のインタビューから六年間、和美さんに話を聞いた時間は数十時間に及んだ。小川さんから聞いた話も同じくらいの長さになるかもしれない。執筆中は、来島するたびに坪山豊さんや築地俊造さんから聞いたさまざまな話が思い出された。森田照史さんの話も記憶に甦った。「朝花」の最後の二年間は、毎月のように東京出張があり、よく通った。沖縄に行ったときは、中村喬次さんや

上原直彦さんにも会った。島唄研究をはじめて二十数年間、たくさんの人たちから聞いた話が絡み合って、少しずつ「かずみ」の時代を紡ぐ物語が見えてきた。

ここで一人ひとりにお礼をすることは控えさせていただくが、本書に名前が登場する方々の大半には、直接インタビューをさせていただくなど、さまざまな形でお世話になった。

執筆中は関西にも赴き、友人の鈴木みどりさんの紹介で、太原民謡愛好会の皆さんや上村藤枝さんの関係者など、さまざまな方からお話を聞くことができた。また、島唄研究家の酒井正子さんには、本書を原稿の段階で読んでいただき、有益な助言をいただいた。

「かずみ」の時代が少しでも具体的に伝わるようにと、写真にもこだわった。貴重な写真を提供して下さった皆さんには深く御礼申し上げたい。二百枚近い写真をすべて掲載することを承諾してくれた、南方新社の太っ腹にも感謝したい。

本書は「かずみ」を愛し、島唄を愛する大勢の方々の協力の賜物である。皆さん、ありがとうございました。

二〇二三年七月四日

梁川英俊

■著者プロフィール

梁川 英俊 （やながわ・ひでとし）

1959 年東京生まれ。鹿児島大学法文学部教授。1988 年東京都立大学大学院人文科学研究科博士課程中退。ケルト諸地域の言語・歴史・文化を主要な研究対象とする一方で、南西諸島、韓国・多島海、ミクロネシア等の島嶼地域の調査・研究にも携わる。著書に『奄美島唄入門』（北斗書房、2020 年）、共著書に Identité et société de Plougastel à Okinawa（レンヌ大学出版局、2007 年）、『唄者 築地俊造自伝 楽しき哉、島唄人生』（南方新社、2017 年）、編著書に『しまうたの未来』（鹿児島大学多島圏研究センター、2006 年）『〈辺境〉の文化論』（三元社、2011 年）、『歌は地域を救えるか』（鹿児島大学法文学部人文学科、2013 年）、『島の声、島の歌』（鹿児島大学国際島嶼教育研究センター、2019 年）などがある。

「かずみ」の時代
——唄者 西和美と昭和、平成、令和の奄美島唄——

二〇二三年 九月 二十日 第一刷発行

著 者 梁川英俊
発行者 向原祥隆
発行所 株式会社 南方新社

〒八九二—〇八七三
鹿児島市下田町二九二—一
電話 〇九九—二四八—五四五五
振替口座 〇二〇七〇—三—二七九二九
URL http://www.nanpou.com/
e-mail info@nanpou.com

印刷・製本 シナノ書籍印刷株式会社
定価はカバーに表示しています
落丁・乱丁はお取り替えします
ISBN978-4-86124-508-4 C0039